Camilo Sánchez

Die Witwe der Brüder
van Gogh

Zu diesem Buch

Paris im Jahr 1890: Johanna van Gogh-Bonger ist mit Vincent van Goghs jüngerem Bruder Theo verheiratet, der Vincent finanziell aushält, damit dieser sich ganz seiner Kunst widmen kann. Als der Maler sich das Leben nimmt, stirbt kurz darauf auch Theo, erfüllt von tiefer Trauer. Johanna widmet sich fortan van Goghs umfangreichem Œuvre und erkennt die Bedeutung seiner Werke. Ihr Leben verändert sich von Grund auf, als sie sich in van Goghs Briefwechsel mit seinem Bruder vertieft und dessen Kunst zum Erfolg verhilft.

»Dies ist die Emanzipationsgeschichte der Frau, der wir verdanken, dass wir das Werk van Goghs überhaupt kennen.« *Elisabeth Dietz, Büchermagazin*

Der Autor

Camilo Sánchez, geboren 1958 in Mar del Plata, Argentinien, studierte Journalismus und Geisteswissenschaften. Als Journalist und Herausgeber ist er für verschiedene Zeitungen und Magazine tätig. Er hat bereits mehrere Gedichtbände veröffentlicht, *Die Witwe der Brüder van Gogh* ist sein Debütroman.

Der Übersetzer

Peter Kultzen, geboren 1962 in Hamburg, studierte Romanistik und Germanistik in München, Salamanca, Madrid und Berlin. Er lebt als freier Lektor und Übersetzer spanisch- und portugiesischsprachiger Literatur in Berlin.

Mehr über Buch und Autor auf *www.unionsverlag.com*

Camilo Sánchez

Die Witwe der Brüder van Gogh

Roman

Aus dem Spanischen von Peter Kultzen

Unionsverlag

Die Originalausgabe erschien 2012 unter dem Titel
La viuda de los Van Gogh bei Edhasa, Buenos Aires.
Die deutsche Erstausgabe erschien
2014 im Unionsverlag.

Dieses Werk wurde im Rahmen des »Sur«-Programms des Außenministeriums
der Republik Argentinien zur Förderung von Übersetzungen verlegt.
Obra editada en el marco del Programa »Sur« de Apoyo a las Traducciones del
Ministerio de Relaciones Exteriores y Culto de la República Argentina.

Im Internet
Aktuelle Informationen, Dokumente, Materialien
zu Camilo Sánchez und diesem Buch
www.unionsverlag.com

Unionsverlag Taschenbuch 725
© by Camilo Sánchez 2012
Vermittelt durch die Literarische Agentur Mertin,
Inh. Nicole Witt
© by Unionsverlag 2016
Neptunstrasse 20, CH-8032 Zürich
Telefon +41 44 283 20 00
mail@unionsverlag.ch
Alle Rechte vorbehalten
Reihengestaltung: Heinz Unternährer
Umschlaggestaltung: Martina Heuer, Zürich
Umschlagbild: Isaac Israëls,
Vrouw en profil voor De Zonnebloemen van Van Gogh, ca. 1917/18
Druck und Bindung: CPI – Clausen & Bosse, Leck
ISBN 978-3-293-20725-7
5. Auflage, Dezember 2019

Der Unionsverlag wird vom Bundesamt für Kultur mit einem
Verlagsförderungs-Strukturbeitrag für die Jahre 2016–2020 unterstützt.

Auch als E-Book erhältlich

I

Im schweren Schatten, der sich hinter ihm die Treppe hinaufschleppte, kündigte es sich an: Als Theo van Gogh hereinkam, war ihm der Tod auf den Fersen.

Johanna sah ihn an. In drei Tagen war er um zehn Jahre gealtert.

Seine Frau würdigte er kaum eines Blickes, eine Begrüßung gab es nur für das Kind. Äußerst behutsam schob er die letzten Arbeiten seines Bruders unters Bett: mehrere aufgerollte Leinwände, die Farbe war noch kaum getrocknet. Anschließend legte er den Brief, der zwischen Vincent van Goghs Kleidern steckte, als er sich die Kugel in die Brust schoss, in die Schatulle aus Eichenholz. Danach kroch er zwischen die Laken und schlief ein.

Das Pferdegetrappel, das von der Straße zu hören ist, treibt Johanna van Gogh-Bonger an den Schreibtisch. Doch bevor sie mit ihren Aufzeichnungen beginnt, sorgt sie für Ordnung in der Wohnung, ihrer kleinen Welt, deren Existenz immer unsicherer wird.

Über dem Tisch aus Kirschholz, im vierten Stock des Hauses Rue Pigalle 8 in Montmartre, verklingen die Geräusche des Tages, die Stadt kommt zur Ruhe. Die zunehmende Dunkelheit löscht die Farbtöne aus, und was jetzt auf sie zukommt, ist schwer zu erkennen – was wird ihr die Zukunft bringen?

Sie beginnt, in ihr neues, unberührtes Tagebuch zu schreiben. Am Anfang steht die Nachricht, dass ihr Schwager gestorben ist.

Über Vincents Todeskampf wollte Theo nicht sprechen. Er erzählte bloß, er habe ruhig ausgesehen, wie er in dem Sarg auf dem Billardtisch der Auberge Ravoux lag, und es sei eine gute Idee gewesen, um ihn, den gerade erst Verstorbenen, herum einige seiner letzten Arbeiten aufzubauen.
Fast hätte ich einen unanständigen Gedanken geäußert, der mir darauf durch den Kopf ging: Also hat er es endlich doch noch zu seiner ersten Einzelausstellung gebracht. Aber ich schwieg, und Theo legte sich schlafen. Seit sechs Stunden ruht er nun schon aus, zum ersten Mal seit sein Bruder nicht mehr auf dieser Welt ist.

An anderer Stelle hat sie geschrieben: »Ich hatte immer ein wenig das Gefühl, als würde ich mich zwischen die Brüder van Gogh drängen, aber auch, als könnte ich vielleicht manchmal zwischen ihnen vermitteln.«

Während der vergangenen vier Jahre hat sie immer wieder weggesehen, wenn Theo Monat für Monat einen Umschlag mit einhundertfünfzig Francs auf den Weg brachte. Wie sie auch besänftigend auf ihren Mann eingewirkt hat, wenn er den Bruder wieder einmal aus Wut seinem Schicksal überlassen wollte.

»Wir mögen uns zwar von der Leidenschaft leiten lassen, aber überkochen darf sie trotzdem nicht«, sagt sie sich einmal mehr, während sie die Windeln ihres kleinen Sohns wechselt. Und weil ihr Mann keine Anstalten macht, das Bett zu verlassen, fasst sie einen Entschluss: Sie selbst wird die Todesanzeige aufsetzen, die an die Druckerei geschickt werden muss.

Da Johanna nichts von falscher Zurückhaltung hält, setzt sie Theos Namen an die Spitze der Liste der Abschiednehmenden, schließlich hat er sich als Einziger bis zuletzt um alles gekümmert. Ihrem diplomatischen Fingerspitzengefühl folgend, führt sie allerdings zwei Traueradressen an: die Wohnung in der Rue Pigalle 8 in Montmartre, die sie mit ihrem Gatten und dem Kleinen teilt, und, obwohl es ihr fast wie ein Zugeständnis vorkommt, die Adresse der Mutter der Brüder van Gogh: Herengracht, Leiden, in Holland.

Dann kommt ihr ein unangenehmer Gedanke in den Sinn. In der drückenden Pariser Sommernacht fragt sie sich zum ersten Mal, ob es gut war, zugestimmt zu haben, dass ihr Sohn seinem Onkel, dem Maler, zu Ehren Vincent genannt wurde.

Meine Brustwarzen sind rissig, weil der Kleine ständig danach verlangt. Ich versuche, mir mit Calendulasalbe Linderung zu verschaffen. Der übrige Körper beruhigt sich, wenn ich schreibe.
Mein Sohn, der kleine Vincent, schläft in seiner Eichenholzwiege. Er wird stark sein müssen, um den Fluch zu bannen, der auf seinem Namen liegt.

Es lässt ihr keine Ruhe, dass sie sich – es war im dritten oder vierten Monat der Schwangerschaft – nicht widersetzt hat, als ihr Mann Theo mit der Idee kam, die Familientradition fortzuführen und, falls es ein Sohn war, ihn Vincent zu nennen.

Wie viel Unglück auf dem Namen lastete, wusste sie damals allerdings nicht. Erst vor wenigen Tagen hat sie die ganze Geschichte in Erfahrung gebracht. Jetzt weiß sie, dass ihr Schwager nicht der Erstgeborene war.

Vor Vincent und Theo gab es bereits einen Sohn, der auch Vincent hieß. Er starb bei der Geburt, oder wenige Stunden danach – die Einzelheiten sind Johanna nicht bekannt.

Ein Jahr später, auf den Tag genau, kam wie durch höheren Beschluss jener van Gogh zur Welt, der eben erst gestorben ist.

Johanna weiß aber – und die Vorstellung will ihr seither nicht aus dem Kopf –, dass der erste Vincent auf dem kleinen Friedhof in Zundert begraben wurde, neben der Kirche mit den hohen roten Mauern und dem kleinen Glockenturm, der kaum über das Ziegeldach hinausragt, nur wenige Meter vom Haus der Familie van Gogh entfernt. Und sie weiß, dass der zweite Vincent, der, der sich gerade das Leben genommen hat, als kleiner Junge regelmäßig Blumen auf ein Grab legte, auf dem sein Name und sein Geburtsdatum zu lesen waren.

Eine schreckliche Vorstellung. Vincent soll in diesem Tagebuch ab sofort nur noch der Name für meinen Sohn sein.
Der andere, der Tote, der mit dem Kobaltblau und dem Gelb, der der Welt seine reifen Weizenfelder und Sonnenblumen entgegenhielt, wird auf diesen Seiten künftig van Gogh heißen.

Johanna muss den nun schon seit fast zwei Tagen im Bett liegenden Theo dazu bringen, seiner Mutter ein paar von den Todesanzeigen zu schicken.

Einfach ist das nicht.

Seit die Schwiegermutter Anna Cornelia Carbentus – eineinhalb Jahre ist es jetzt her – beim Aussteigen aus einer Kutsche der Transportgesellschaft Van Gend & Loos gestürzt ist, schmerzt ihre Hüfte, und gesehen haben sie sie seither nicht. Ihre schroffe und abweisende Art hat sich dadurch wohl noch verschärft. Johannas Bruder André, Theos bester Freund, nennt sie seit jeher »die Frau mit dem eisigen Blick«.

Johanna hilft ihrem Mann aus dem Bett und stößt ihn dann geradezu in eine Wanne voll kaltem Wasser. Er muss ein wenig zu Kräften kommen. Anschließend schreibt Theo an seine Mutter und lässt den Brief danach absichtlich auf dem Tisch liegen:

Vincents Tod ist ein Schmerz, der mir ewig nachgehen wird und den ich mein Leben lang mit mir herumtragen werde. Das einzig Gute, was man darüber sagen könnte, ist, dass er nun den gewünschten Frieden hat.
Das Leben wurde ihm schwer; aber es ist wie so oft: Jetzt rühmen sie alle sein Talent.

Johanna wundert sich, dass das Wort »jetzt« mit einer nervösen Linie unterstrichen ist. Ihr scheint dies jedoch falsch – Theo übertreibt, wenn er behauptet, jetzt würde alle Welt van Goghs Talent anerkennen.

Der kleine Vincent ist zwei Tage lang fast durchgehend weinerlich und fiebrig. Am Ende dieser Zeit zeigt sich ein winziges weißes Pünktchen an seinem Unterkiefer. Dass sein erster Zahn hervorkommen will, macht ihn so unleidlich.

Johanna stellt fest, dass sein Aufbegehren ein klares Ziel verfolgt: Es ist, als wolle ihr Sohn den Schmerz mit den Tränen aus sich herausfließen lassen. Theo dagegen, mit seinem wirren Bart und in dem dunkelgrauen Anzug, den er nicht einmal zum Schlafen auszieht, scheint sich geradezu wohlzufühlen in der Tiefe des Abgrunds, in den er sich hat sinken lassen.

Ich bemühe mich, dem Kummer meines Mannes so gut als möglich entgegenzuwirken.
Mit dem Tod hat sich eine weihevolle Untergangsstimmung in unserer Wohnung breitgemacht. Und ein Gefühl von Unwirklichkeit bei allem, was wir tun.

Johanna van Gogh-Bonger ergreift die Initiative. Dabei stützt sie sich vor allem auf Zuleica, eine junge Spanierin, die ihr im Haushalt zur Hand geht. Sie hat sich mehrere Exemplare des Artikels beschafft, den Maurice Beaubourg am Tag nach der Beerdigung veröffentlicht hat. »Um van Gogh zu begreifen, genügt es nicht, eins seiner Werke zu betrachten, man muss sie alle sehen«, hat er in der *Revue Indépendante* geschrieben.

Nirgendwo sonst in der Presse findet der Tod ihres Schwagers Erwähnung.

Johanna legt den Artikel in eine Mappe, zu den anderen – vier sind es –, die auf die jüngste Flut von Bildern eingehen, die Johanna so gut sie kann in der Wohnung in der Rue Pigalle unterzubringen versucht.

Sie glaubt zu wissen, wie ihr Schwager auf Beaubourgs Äußerungen reagiert hätte. Dessen Lob hätte ihm maßloses Unbehagen bereitet und ihn dazu gebracht, sich voll wilder Selbstkritik auf all das zu stürzen, was es in seinen Augen zu verbessern galt.

Immer diese dramatisch übertriebene Bescheidenheit.

Später hätte es ihm leidgetan, und er hätte Beaubourg, wie um den Auftritt wiedergutzumachen, eins seiner so anrührenden Bilder geschenkt.

Der Streik der Pariser Droschkenkutscher – ihre Arbeitgeber weigern sich, neue Fahrzeuge anzuschaffen – wird lückenlos befolgt. Die Zeitungen berichten von der Unruhe, die die Stadt ergreift: Die Reichen ärgern sich, weil sie nicht zu Fuß gehen möchten, die Touristen, weil ihre Zeit knapp bemessen ist. Ohne den gewohnten Verkehr wirkt alles seltsam leer und unbelebt.

Andererseits hat es zur Folge, dass Johanna an diesem Samstagabend im August 1890 ungestört das beeindruckende Pflaster der Pariser Straßen wahrnehmen kann: Im neuartigen Licht der Gaslaternen glänzt es prachtvoll.

»Die Droschken stehen in den Schuppen, die Pferde in ihren Ställen, und die Herren Kutscher sitzen in der Kneipe – unter Louis-Philippe hätte man sie eingesperrt«, sagt eine elegant gekleidete Dame auf dem Markt zu Johanna. Offensichtlich träumt sie von der Rückkehr unwiederbringlich vergangener Zeiten.

Als der Streik am Sonntag beendet wird, gelingt es Johanna, Theo zu einer kleinen Reise zu überreden. In Gesellschaft des kleinen Vincent wollen sie das gewaltige Schiffshebewerk Les Fontinettes kennenlernen, das den Fluss Aa mit dem Canal de Neufossé verbindet.

Staunend sehen sie zu, wie dort mithilfe eines gewaltigen Troges große Kähne umgesetzt werden, als handelte es sich um Papierschiffchen.

»Wozu die Wissenschaft nicht alles imstande ist, sobald sich damit Geschäfte machen lassen«, sagt Theo, der sich zum ersten Mal wieder für etwas anderes als den Tod seines Bruders zu interessieren scheint.

Nach ihrer Rückkehr lässt Johanna sich zu Hause in einem Stuhl vor van Goghs Gemälde einer Sternennacht über der Rhône bei Arles nieder.

Der Anblick der riesigen durch die Luft schwebenden Schiffe ist ihr noch lebhaft in Erinnerung.

»Was führt weiter oder kommt von weiter her, ein Fortschritt auf künstlerischem oder auf technischem Gebiet?«, fragt sie sich.

Da sie bis zum frühen Morgen nicht einschlafen kann, setzt sie sich schließlich an ihr Tagebuch.

Ich war mit dem Kind beim Arzt. Im Wartezimmer war unter anderem begeistert die Rede davon, dass die Nationalversammlung einen 58-Millionen-Francs-Kredit auf fünf Jahre bewilligt hat. Aber nicht für Schulen oder Krankenhäuser, nein, für den Bau von Kriegsschiffen.
Was für ein Wahnsinn!
Theo nimmt an kaum etwas Anteil. Heute hat er den ganzen Tag kein Wort gesagt. Die Trauer macht ihn überaus schweigsam, und ich fürchte erneut um seine Gesundheit.

Johanna lädt ihren Bruder André und seine Frau Annie, Baronin van Werwolde, zum Abendessen ein.

Ganz Aristokratin, entsteigt Letztere, bekleidet mit einem dieser neuartigen, herrlich bequemen Kautschukkorsetts, schwarzem Spitzenunterrock und darüber einem leichten Leinenkleid, ihrer frisch aus England importierten Mietdroschke und schwärmt begeistert von ihrer neuesten Entdeckung: »Die vielen neuen Mosaiken überall werden die eintönige Architektur dieser Stadt verändern!«, verkündet sie frivol näselnd, während André sich nervös über das Haar streicht, das so fein ist, wie man es eher bei einer Frau oder einem Kind erwarten würde.

Trotz Annies Gegenwart kann Johanna ihren Bruder einen Augenblick zur Seite nehmen, um mehr über die Umstände von van Goghs Tod zu erfahren. Ihr Mann hat ihr die Einzelheiten bis jetzt vorenthalten.

Noch am selben Abend wird Johanna sie in ihrem Tagebuch festhalten:

Am Sonntagnachmittag schoss van Gogh sich in die Brust, würdig bis zuletzt weigerte er sich jedoch, Doktor Gachet, der uns telegrafisch benachrichtigen wollte, unsere Adresse zu nennen – Theo sollte seinen Todeskampf nicht mitansehen müssen.

Doktor Gachet sandte schließlich früh am Montagmorgen eine Nachricht in Theos Büro in der Kunsthandlung Goupil.

Theo und André nahmen daraufhin den ersten Zug und benachrichtigten Johanna von Auvers aus. Sie nahm an, es handle sich bloß um einen erneuten Ausbruch der Krise.

Von der Kugel in der Brust verriet Theo in der ersten Nachricht nichts. Er wollte nicht, dass ich mir Sorgen machte, obwohl es diesmal tatsächlich Anlass dafür gab. Typisch für die beiden Van-Gogh-Brüder, dieses Verhalten.
Als wüssten sie nicht, welche Gewalt man gegen andere ausübt, wenn man versucht, deren Gefühle im Zaum zu halten.

Als die beiden schließlich an van Goghs Lager eintrafen, musste André sich vor allem um Theo kümmern, der sich vor Kummer kaum auf den Beinen halten konnte. Sein Bruder, der Maler, dagegen war trotz des hohen Fiebers hellwach, lag, ohne zu klagen, halb aufgerichtet im Bett und zog an seiner Pfeife, während das Leben allmählich aus ihm schwand.

Erhitzt, wie er war, sprach er unaufhörlich vor sich hin: »Ich wars, nicht Theo, und auch nicht Elisabeth!« und ähnliche Äußerungen, die sich womöglich auf ferne Kindheitserlebnisse bezogen. Manchmal nur schwer Verständliches – »Was ist das schon, ein einsamer Mensch, der von irgendwoher mit einer Farbe zurückkehrt?« – oder ganze Passagen aus *Richard III.*, Überreste aus der Zeit seiner fanatischen Shakespeare-Begeisterung.

Theo sagt während des ganzen Essens kaum ein Wort. »Am schlimmsten war die Geschichte mit dem Priester«, ist alles, was er irgendwann während der Hauptspeise von sich gibt.

André ergänzt das Übrige: Da es sich um einen Selbstmord handelte, hatte der Pfarrer von Auvers sich geweigert, die Begräbniskutsche der Gemeinde zur Verfügung zu stellen, weshalb Émile Bernard in der Hoffnung, dort mehr Entgegenkommen zu finden, trotz allen Abschiedsschmerzes ins nahe gelegene Dorf Méry gehen musste.

Draußen ist Vollmond, und die Lilien im Hof scheinen sich ihm dankbar entgegenzuneigen. Selbst im quirligsten und schäbigsten Teil Montmartres kehrt Ruhe ein.

Ich schreibe bei Nacht, weil mich dann niemand mit seinen Gedanken in Beschlag nehmen kann.
Und ich schreibe, obgleich es mich nach anderem verlangt: Der Kleine in seiner Wiege brabbelt vor sich hin, als wollte er mich zu sich rufen. Eben noch schien er ganz gefangen vom Schnarren einer Rassel. Er hat neugierig geblinzelt und nach dem Ursprung des Geräusches Ausschau gehalten.

Johanna macht sich an die Zubereitung der Entenbrust, die sie am Vorabend in Cognac und Zitrone eingelegt hat.

Sie wird sie mit schwarzen Oliven garnieren, die der Maler mitgebracht hat, als sie sich vor einigen Monaten erstmals persönlich begegnet sind und Vincent van Gogh endlich mehr wurde als ein Mann, dessen Bilder sämtliche Wände ihrer Wohnung bedeckten, der ebenso regelmäßig wie besessen Briefe schickte, dessen seelische Krisen – während ihrer Verlobungszeit und auch nach ihrer Heirat – die gemeinsamen Nächte mit Theo überschatteten und an den dieser Monat für Monat einen Scheck über einhundertfünfzig französische Francs auf den Weg brachte.

Während die Entenbrust in der Pfanne schmort, schneidet Johanna drei duftende blaue Zwiebeln klein und zerdrückt mehrere Knoblauchzehen. Dabei lässt sie noch einmal den Augenblick Revue passieren, in dem Vincent van Gogh ihr zum ersten Mal gegenüberstand. Theo war zum Bahnhof gefahren, um ihn abzuholen – er wollte ihn keinesfalls auch nur eine Minute sich selbst überlassen –, und einige Zeit später entstiegen die beiden lächelnd einer Mietdroschke.

Obwohl Johanna ihn tatsächlich noch nie gesehen hatte, stellte sie erstaunt fest, wie sehr er dem Selbstporträt vor der Staffelei ähnelte, das mehrere Monate im Flur gegenüber der Ankleidekammer gehangen hatte.

Eine Sache ist ihr besonders im Gedächtnis geblieben: Vincent, wie er sich vor eins der Droschkenpferde stellt und ihm langsam, bei der Stelle zwischen den Augen beginnend, über die Schnauze streicht, als wolle er sich für die Fahrt vom Bahnhof bis hierher bedanken.

So etwas hatte Johanna noch nie gesehen.

Wenn sie jetzt daran denkt, zwei Monate später und nur wenige Tage nach dem Selbstmord, stellt sie fest, dass diesem Mann, der seinem ganz eigenen Rhythmus folgte und um einiges jünger wirkte als Theo, seine Todessehnsucht nicht im Geringsten anzumerken war.

Bei der Hitze dieser Tage ist Paris kaum zu ertragen. Etwas angenehmer wird es nur, wenn aus der Richtung, wo die großen Landhäuser stehen, ein leichter Wind weht und den Duft von frischem Gemüse heranträgt, der sich über den säuerlichen Geruch der in der Sonne trocknenden Pferdeäpfel legt.

Die Verabredung mit Edith Cherniac ist für Johanna in Wahrheit bloß ein Vorwand, um der Wohnung zu entrinnen, die sie unter Zuleicas Obhut zurücklässt. Die junge Spanierin, die sie besser zu kennen scheint als Johanna sich selbst, hat sie in ihrem Entschluss bestärkt. Schließlich spürt sie, wenn die Herrin des Hauses kurz vor dem Zusammenbruch steht, und sorgt jedes Mal gerade noch rechtzeitig dafür, dass sie ein wenig an die frische Luft geht.

Um halb fünf, eine halbe Stunde vor der verabredeten Zeit, lässt Johanna van Gogh-Bonger sich an einem Tisch des Café Vachette nieder, wo man freundlicherweise bunte Blätter auslegt, um die Gäste zum Schreiben anzuregen.

Im Lokal herrscht immer noch große Aufregung. Wie der Kellner berichtet, hat kurz zuvor der Dichter Verlaine, der ein paar Glas zu viel intus hatte, sämtliche Anwesenden belästigt, indem er mit seinem Stock auf den Holzboden klopfte und lautstark verlangte, man solle ihn ernst nehmen.

»Ich bin nicht betrunken, ich trinke einzig und allein, um meinen Ruf zu wahren«, soll er erhitzt verkündet haben.

Edith Cherniac kommt nur wenig zu spät. Sie trägt ein luftiges Kleid, das nicht ganz bis zum Boden reicht, und sie hat ein Geschenk für Johanna dabei: einen Artikel aus dem *Observer* über Percy Shelley. Dazu den neuesten Klatsch über das Museum und den Londoner Alltag, nichts wirklich Überraschendes.

Allerdings berichtet sie auch von einer Erfindung aus Nottingham, die sich zu einer Mode entwickelt hat: *Water-closet* heißt das Ding offenbar, und es ermöglicht es, im Sitzen Wasser zu lassen.

»Du müsstest sehen, wie stolz die Engländer auf diesen Apparaten thronen, einfach köstlich!«, sagt Edith, und die beiden kichern wie in früheren Zeiten.

Bald stellt sich heraus, was der eigentliche Hintergedanke von Ediths Besuch bei Johanna in Paris ist: Sie möchte mehr über diesen Vincent van Gogh erfahren.

Sie ist also auf der Suche nach einem Mann.

Vor ein paar Jahren hat sie ihn malen sehen, in Joinville-le-Pont und in der Rue des Abbesses, und seither geht er ihr nicht aus dem Sinn. Sie war begeistert vom sicheren Instinkt, mit dem er geduldig die Farben auf der Palette mischte, um anschließend in feuriger Präzision die nie gesehenen, maßlosen Töne auf die Leinwand zu setzen.

»Er hat ein Weizenfeld gemalt, das von Leben beseelt ist wie kein zweites auf dieser Welt. Und darüber Raben, die den Himmel durchlöchern, als hätten sie eine Botschaft zu verkünden«, sagt Johanna. »Danach hat er sich eine Kugel in die Brust gejagt.« Sie ist selbst überrascht, wie schroff sie sich ausdrückt.

Darauf ist kein behagliches Gespräch mehr möglich, und so gelangt es bald an sein Ende, genau wie der Nachmittag. Auch beim Abschied bleibt ein ungutes Gefühl zwischen ihnen bestehen.

Johanna kehrt nach Hause zurück, drei Stunden ohne ihren Sohn kommen ihr vor wie eine Ewigkeit.

Noch in derselben Nacht liest sie den Artikel über Percy Shelley. Er enthält nichts Neues: Einmal mehr die Geschichte seines frühen Todes auf hoher See, seine sentimentalen Anwandlungen, der Wettstreit zwischen den Halbschwestern Mary und Claire und der Verdacht,

Shelley könne zu beiden gleichzeitig in einem Liebesverhältnis gestanden haben. Dazu nur wenige Zeilen über das Eigentliche, sein dichterisches Schaffen.

Das einzig Wichtige an dem Artikel ist die Mitteilung, Henry Salt arbeite an einer Biografie des Autors, die dessen Bedeutung ins rechte Licht rücken soll, und kein Geringerer als Robert Browning habe ihn dazu ermuntert.

Während ihr Haus unter der Trauer ächzt, ringt Johanna sich endlich zu dem Entschluss durch, Salt eine Abschrift ihres Essays über Shelleys »Hymne an die intellektuelle Schönheit« zu schicken, den sie während ihrer Zeit als Stipendiatin in London verfasst hat.

Sie liest den Text noch einmal durch und hat nach einigen Änderungen den Eindruck, er habe immerhin noch einige Geltung.

Johannas Wiederbegegnung mit Shelley setzt einige unvermutete Gedanken in Gang. Fast drei Jahre hatte sie seine Bücher nicht mehr zur Hand genommen. Auch wenn sie sich zunehmend an der manchmal mangelnden Dichte seiner Texte, einer gewissen Überladenheit und ausufernden Künstlichkeit stört, bleibt Shelley für sie wichtig: »Wie Farben, die der Abend fand, / wie Wolken, weit im Sternenlicht, / wie Musik, die leise zu uns spricht, / wie etwas, das die Anmut lieb / uns macht, und lieber, weil geheim es blieb.«

Wie fast immer dienstags frühstücken Johanna und André auch an diesem Morgen zusammen. Nur sie beide, zwei sehr holländische Geschwister, ohne Theo und ohne die Baronin treffen sie sich im Café Zidanne in Montmartre. Wie fast immer dienstags weiß Johanna, dass sie eine Weile auf ihren Bruder wird warten müssen. Deshalb hat sie *L'Express* eingesteckt. Sie holt die Zeitung aus ihrer Handtasche.

Und da sie sich die gute Stimmung, in der sie heute aufgestanden ist, nicht verderben lassen möchte, überblättert sie zunächst die vorderen Seiten und beginnt mit der Lektüre der Anzeigen. »Spanische Amme bietet ihre Dienste an. Alter: 24 Jahre. Frische, gute und reichliche Milch«, liest Johanna und markiert die Anzeige mit einem Stift.

Ihr Sohn Vincent schläft nachts nie länger als vier Stunden am Stück. Johanna hat den Eindruck, das viele Hin und Her während der letzten Tage könnte ihrer eigenen Milchproduktion geschadet haben.

Sie markiert noch eine Anzeige, diesmal, weil sie sie amüsant findet – vielleicht lässt sich eines Tages eine Erzählung daraus machen: »Hiermit bringe ich zur allgemeinen Kenntnisnahme: Im Quais des Tuileries 24 befindet sich noch immer ein alter Grauschimmel mit weißen Augen. Ein Kutscher hat ihn bei mir untergestellt und versprochen, ihn am Abend abzuholen. Der Besitzer ist seither nicht wieder aufgetaucht.«

Da erscheint André. Im Jackenaufschlag prangt eine Kornblume, nach neuester Pariser Mode – dahinter kann bloß die Baronin stecken. Als er Johannas abschätzige Miene bemerkt, verteidigt er sich umgehend mit einem Lieblingsspruch der Bewohner Montmartres: »Nichts ist so spießig wie die Angst vor dem Spießertum.«

Ein Baguette mit Käse und Tomaten und dazu ein Glas kühles Bier bringen ihn in Schwung, und er erzählt Johanna weitere Einzelheiten über die Umstände von van Goghs Tod.

»Theo kümmerte sich um Vincent, und ich mich um Theo. Ich kann nicht sagen, wer mehr zu tun hatte«, erklärt er.

Theo sei tatsächlich fast zusammengebrochen, während Vincent, trotz der Kugel in seinem Körper, ruhig dagelegen und geraucht habe, das sichere Ende fest im Blick. Ohne Angst zu zeigen, habe er die schmale Tür immer näher kommen sehen, bis er irgendwann gesagt habe: »Ich wünschte, nun könnte ich heimgehen ...« Dann sei er verstummt. Und kurz darauf sei er in den Armen seines Bruders verstorben.

In den Armen meines Mannes. Wie hätte es auch anders sein können?, sagt sich Johanna.

Manchmal verrät sie ihre Gedanken nicht einmal ihrem Bruder.

Johanna van Gogh-Bonger fällt es schwer, sich ihren Schwager tot vorzustellen. Erst vor zwei Monaten waren er und der Graf Toulouse-Lautrec bei ihnen zum Mittagessen zu Gast. Letzterer ist ebenfalls eine kuriose Gestalt, montags bis freitags lebt er in einem Kloster, die Samstage und Sonntage verbringt er im Bordell. Er hat gelernt, das irdische Dasein als Scherz zu betrachten, einschließlich seiner eigenen schlimmen körperlichen Gebrechen.

In der privaten Kunstschule des Pariser Malers Fernand Cormon waren er und van Gogh vier Jahre zuvor enge Freunde geworden. Dies nachdem die versammelte Professorenschaft der Antwerpener Kunstakademie einstimmig entschieden hatte, van Gogh müsse wegen seiner Schwierigkeiten im Zeichnen in die Anfängerklasse zurückkehren.

Johanna hatte an dem Tag Fleischpasteten serviert und zum Nachtisch Crêpes Suzette, die Vincent in helle Begeisterung versetzten.

Das war der schönste Augenblick während des viertägigen Aufenthalts ihres Schwagers bei ihnen in der Rue Pigalle.

Wie hatten sie lachen müssen, als Toulouse-Lautrec vor ihnen herumturnte, um vorzuführen, wie schwierig es für ihn gewesen war, die vier Stockwerke bis in ihre Wohnung hinaufzugelangen! Anschließend hatte der Graf mit seiner Donnerstimme die Vorfälle während der letzten Brüsseler Ausstellung der Vingtisten geschildert.

Johanna hatte von der Katastrophe gehört, wusste aber nichts Genaueres darüber.

Fast verrückt vor Neid angesichts der Intensität der ausgestellten Bilder hatte der Maler Henry de Groux versucht, ihren Wert durch ein paar geistreiche Formulierungen herabzusetzen. Dazu kam, dass er bei seinem Rundgang – allerdings wohl nicht vor den beiden Bildern mit den Sonnenblumen, sondern vor dem Blick auf Arles mit Pappeln im Vordergrund – einen verächtlichen Seufzer von sich gab. Woraufhin Toulouse-Lautrec, der sich zweifellos wegen allem, was er seit dem frühen Morgen in sich hineinschüttete, nicht mehr im Griff hatte, de Groux an Ort und Stelle zum Duell aufforderte.

Kurz: Es hatte einen handfesten Skandal gegeben.

Die Kritiker waren sich nicht ganz sicher gewesen, ob das Ganze nicht etwa bloß eine Inszenierung sei, um die Aufmerksamkeit der Presse zu erregen. Als die Stimmung jedoch immer hitziger geworden war, mussten die Veranstalter Toulouse-Lautrec zur Ordnung rufen und de

Groux des Saales verweisen. Erst dann hatten sich die Gemüter allmählich beruhigt.

Hier bei uns im Esszimmer führte Lautrec vor, wie er sich, energisch mit den Hacken knallend, mitten im Ausstellungssaal nach einem Sekundanten umgetan hatte. Ebenso ahmte er mit den seltsamsten Grimassen de Groux' schreckensstarres Gesicht nach. Van Gogh lachte wie ein Kind.
Dies ereignete sich, wenn ich mich nicht täusche, am zweiten der lediglich vier Tage, die ich in Gesellschaft meines Schwagers zugebracht habe. Er wollte eine ganze Woche bei uns in Paris bleiben, aber irgendwann packte ihn die Unruhe, und es drängte ihn fort, sodass er drei Tage früher als vereinbart wieder abreiste.
Ganz nach Art der van Goghs.

Ein neuer Tag. Erst als die Betten gemacht sind und das Frühstücksgeschirr gespült – erst, als um sie herum Ordnung herrscht –, kann Johanna sich zum Schreiben niederlassen.

Ihre Gedanken kreisen weiterhin fast ausschließlich um den trauernden Theo, den tödlichen Schuss, das Sterben und die Beerdigung van Goghs; die Abfolge der Tage und Begebenheiten gerät ihr darüber ein wenig durcheinander.

In dieser Woche ist mein Sohn acht Monate alt geworden, und ich habe es nicht einmal bemerkt.
Nach seiner Geburt war mir klar, was das heißt, »jemanden zur Welt bringen«. Ich kenne nichts, was sich mit dieser Erfahrung vergleichen lässt.

Während des Ereignisses hatte ich das Gefühl, neben mir zu stehen und von diesem bevorzugten Standort aus mitverfolgen zu können, wie er auf diese Welt kam – ich war körperlich selbst beteiligt und doch fernab des Geschehens.
Ich weiß nicht, wie ich es anders beschreiben soll: Als die eigentliche Geburt einsetzte, wurde das Zimmer für schier unendlich lange Zeit in Halbdunkel getaucht. Bis der kleine Vincent blitzartig herausgeschossen kam, wie mit einem Schwall leuchtenden Wassers, das er auf einen Schlag in sich hineinsog – mit seinem ersten tiefen Atemzug.
Erschöpft weinend lag er danach auf meiner Brust, bis er irgendwann, eine ziemliche Weile später, zur Ruhe kam.

Johanna weiß auch noch, dass die vier Pflanzen, die an diesem Nachmittag um ihr Bett herum standen – zwei Farne, ein Ficus und eine Magnolie –, nach der Geburt ganz welk und schlaff die Blätter hängen ließen.

2

Es ist der erste Sonntag im September 1890, und Johanna van Gogh-Bonger überquert in einem kleinen Dampfschiff die Seine, um M. B. aufzusuchen, die bestbeleumundete Magierin von Montparnasse. Sie muss ihr einige Bücher von Multatuli bringen. Außerdem sehnt sie sich nach einer ordentlichen Thai-Massage, eine von M. B.s Spezialitäten.

Die asiatische Kargheit im zweistöckigen Haus der Heilerin hat Johanna jedes Mal als wohltuend empfunden, ein echter Zufluchtsort, in dem stets brennende Räucherlampen einen Duft nach Myrrhe verbreiten, der die unangenehmen Gerüche der Stadt vertreibt.

M. B. sagt kaum ein Wort, bedeutet Johanna bloß, sich aufrecht hinzusetzen, reibt sich die Hände mit Hanföl ein und presst die Finger gezielt auf einige Verhärtungen gleich unterhalb von Johannas Schulter.

Während M. B. an Johannas Nacken weitermassiert, stimmt sie leise eine eintönige Klage an, Johanna nimmt sie ganz dicht an ihrem Ohr wahr. Als M. B. die Finger dann in das Fleisch zu beiden Seiten von Johannas Wirbelsäule drückt, nimmt die Klage die Gestalt von Sätzen an. Anfangs ist kaum etwas zu verstehen, und Johanna kann keinerlei Zusammenhang erkennen, schon bald jedoch – immer kräftiger bearbeitet M. B. unterdessen Johannas Rücken – werden die einzelnen Worte deutlicher und klarer.

Mit einer Stimme, die aus ihrem tiefsten Inneren aufzusteigen scheint und zugleich Theos Tonfall während der letzten Tage erstaunlich ähnlich ist, sagt M. B.: »Es geht nicht, Jo, lass es sein, es geht nicht.«

Johanna, die mittlerweile ausgestreckt auf der Massageliege ruht, überkommt das Gefühl, ihr Mann sei leibhaftig im Raum anwesend – was genau sich hier abspielt, bleibt ihr jedoch verschlossen. Erhebt sich Theos Stimme aus den Tiefen ihres Muskelgeflechts?

M. B. setzt die Massage noch eine Weile schweigend fort.

Dass Johanna weint, kann man eigentlich nicht sagen. Sie lässt jedoch den in der Vergangenheit zurückgehaltenen Tränen nun freien Lauf und liefert sich so den Worten aus, die von jener Frau noch kommen mögen. M. B. fordert sie anschließend auf, fünf Tarotkarten aufzudecken. Eine nach der anderen.

»Wenn Sie achtsam sind, wird dem Lenker Ihres Wagens kein Fehler unterlaufen«, verkündet M. B. daraufhin die Botschaft der Karten. Und fährt fort, Johanna solle sich für einen Kampf bereitmachen, der zwei, wenn nicht drei Jahre andauern könne. Sie solle ihren Sohn allem anderen voranstellen, ohne es damit zu übertreiben – eine Zeit harter Arbeit stehe bevor.

Dann lässt sie Johanna einmal von dem Stapel abheben, gleich darauf ein zweites Mal, und als M. B. danach die oberste Karte umgedreht hat, versinkt sie in Schweigen.

»Sie werden Theo bis ans Ufer des großen Sumpfes begleiten müssen. Wenn Sie ihm helfen wollen, sollten Sie aber festen Boden unter den Füßen behalten. Lassen Sie sich nicht mit in die Tiefe ziehen«, sagt sie eindringlich und ergreift Johannas Hand.

Johanna van Gogh-Bonger macht sich eiligst davon. Sie glaubt nicht, dass sie diese Frau jemals wieder aufsuchen wird.

Die Rückkehr gestaltet sich schwierig. Am Sonntagabend wollen viele die Seine überqueren, die kleinen Dampfschiffe liegen tief im Wasser, scheinen vom Gewicht der Passagiere fast unterzugehen.

Verwirrt eilt Johanna durch die Straßen von Paris und die Gassen von Montmartre; um sie herum Dörfler im Sonntagsstaat. Bei ihrem Anblick muss sie an ein Abendessen mit van Gogh vor zwei Monaten denken, in ihrer Wohnung in der Rue Pigalle.

»Wie viel schöner ist doch ein Bauernmädchen als alle feinen Damen aus der Stadt«, hatte der Maler damals ein wenig unvermittelt mit lauter Stimme verkündet. Die Baronin van Werwolde hatte ihn entsetzt angesehen.

»Will so ein Bauernmädchen es jedoch den feinen Damen nachtun und legt elegante Kleider an, ist alle Schönheit dahin. Schön ist der Bauer auf dem Feld in seiner derben Kluft, viel schöner als wenn er sonntags, zurechtgemacht wie ein großer Herr, in der Kirche erscheint. Ein Bild mit Leuten vom Dorf darf niemals nach Parfüm riechen«, hatte er gesagt und die Augen vom Teller gehoben und auf ein Gemälde gerichtet, das damals im Wohnzimmer neben dem Sekretär hing.

Die anderen folgten seinem Blick. Das Bild zeigte ein

Bauernpaar zur Erntezeit, das im Schatten frisch aufgehäufelter Garben Mittagsruhe hält. Van Gogh hatte es kurz zuvor in Saint-Rémy gemalt.

Johanna erinnert sich noch an den herablassenden Tonfall, in dem Vincent sich Theo gegenüber zu dem Gemälde äußerte – als müsse er seinem Bruder erklären, mit welchen Worten man es einem Käufer am besten präsentiert.

»Warum hat er seine Bilder dann nicht selbst verkauft?«, fragt sich Johanna, während sie, immer noch wie betäubt, am letzten Sonntag des Pariser Sommers durch die Stadt läuft.

Sie weiß genau, welches Ansehen ihr Schwager seinerzeit als Angestellter der Kunsthandlung Goupil in Den Haag genoss. Angeblich gehörte es auch zu seinen Aufgaben, König Wilhelm III., der zu den Stammkunden des Geschäfts zählte, bei Ankäufen beratend zur Seite zu stehen.

Johanna erreicht die Rue Pigalle. In diesem Augenblick hat sie genug von all den sonntäglich herausgeputzten Bauern und ihren Frauen mit weißen Hauben wie auch von einer lärmenden Kinderschar, die aufgeregt das Treiben einer Gruppe von Vorstadtgaunern kommentiert – für die Taschendiebe ist es ein Leichtes, die einfältigen Leute in diesem Trubel ihrer Geldbörsen zu berauben.

Montagabend, zu später Stunde. Tagebuch führt Johanna van Gogh-Bonger, seit sie siebzehn ist. Einmal im Jahr jedoch geht sie ihre Aufzeichnungen durch, als gelte es einen Baum zu beschneiden.

Keine einfache Aufgabe – mehrere Tage sichtet sie, aus zeitlichem Abstand, was ihr im Augenblick des Erlebens so bedeutungsvoll erschien. Das nachträgliche Kürzen und Streichen ist schmerzhaft und erlösend zugleich.

Von meinen ausgiebigen Streifzügen durch Utrecht, nach dem Unterricht in englischer Literatur, sind gerade einmal sieben oder acht Absätze übrig geblieben.
Von der Reise nach London, die mein Leben veränderte, kaum dreißig Seiten.
Ganze Nächte sind ausradiert, in denen Theo und ich das machtvolle Feuer unserer vereinten Körper entdeckten – in schüchternen Fragmenten hatte ich Zeugnis davon abgelegt.
Schreiben und das Geschriebene später überarbeiten und zusammenstreichen ist eine Übung in Mäßigung und Enthaltsamkeit.
Die Erinnerungen steigen noch einmal auf und verflüchtigen sich im selben Augenblick.

Für Theo ist es eine schwierige und düstere Zeit. In sich verschlossen, für niemanden erreichbar, durchquert er Wüsten oder Starre oder Stürme schwindelerregender Raserei. Bald liegt er ganze Tage im Bett, bald erhebt er sich und entfaltet wie besessen eine schier unerträgliche Betriebsamkeit.

Gerade muss Johanna mit anhören, wie er im Zimmer nebenan den Kritiker Albert Aurier vom *Mercure de France* bedrängt, in Windeseile eine Biografie seines Bruders zu verfassen. Er will sie im Katalog einer großen Werkschau mit abdrucken, die er schon sehr bald organisieren möchte.

Johanna liegt im Bett, die Worte ihres Mannes, ihr Klang, ihr Auf und Ab, ergeben eine Melodie der Verzweiflung, überzeugen kann er damit niemanden.

Zum Glück hat wenigstens der kleine Vincent aufgehört zu weinen.

Wenn nachts der Kleine hustet, muss ich voller Sorge an den bevorstehenden Winter denken. Mit Theo kann ich diese Ängste jedoch nicht teilen, er ist ganz und gar besetzt von der Erinnerung an seinen toten Bruder.

Gestern, beim Abendessen im Kreis der Familie, hat sich eine Idee konkretisiert, auf die Johanna und André schon einige Wochen zuvor bei einem ihrer regelmäßigen gemeinsamen Frühstücke gekommen waren.

Beim Nachtisch brachten André und die Baronin die Sache schließlich aufs Tapet: Könnten Theo und Johanna nicht ihre Wohnung im vierten Stock für sie aufgeben und stattdessen das Erdgeschoss des Hauses in der Rue Pigalle beziehen? Dadurch würden sie es sich künftig nicht nur ersparen, ständig mit dem immer schwerer werdenden kleinen Vincent vier Stockwerke erklimmen zu müssen. Der unten zur Verfügung stehende kleine Garten wäre, neben dem Hof, zudem von unschätzbarem Wert für das Kind, sobald es die ersten Schritte unternimmt. In dieser Angelegenheit wurden sich scheinbar alle schnell einig.

Der Baronin, sosehr sie ihrem Mann stillschweigend zustimmte, war jedoch anzumerken, dass sie der Vorstellung, ein Kind in unmittelbarer Nähe von lauter Bordellen aufwachsen zu lassen, nur weil es billiger ist, wenig Reiz abgewinnen konnte. Und André, der nach dem zweiten Glas Cabernet schon ein wenig angeheitert war, konnte es nicht lassen, auch noch alle möglichen Skandalgeschichten aus dem Viertel zum Besten zu geben, als wollte er ausgerechnet seiner Frau damit Eindruck machen.

»Hier gleich nebenan, im Moulin de la Galette, ist die Tänzerin La Goulue zum ersten Mal aufgetreten, die unser Freund Lautrec gemalt hat«, hatte er seiner Gattin so unter anderem mitzuteilen.

Theo verharrte unterdessen gedankenverloren in seinen eigenen Abgründen. In der Hoffnung, er werde das Gespräch auf ein anderes Thema lenken, sah Johanna ihn hilfesuchend an; schließlich war nur zu offensichtlich, wie unwohl die Baronin sich fühlte.

André, der zunehmend Gefallen an der Sache fand, ging in seinem Übermut aber noch weiter. Selbst seiner Schwester wurde es ein wenig peinlich, als er nun auch noch mit den neuesten Entwicklungen auf der Landkarte der Sünde von Montmartre herausrückte – mit dem Bordell Elysée, das nur wenige Meter von ihrem Haus in der Rue Pigalle entfernt war, werde es sicherlich zu Ende gehen, verkündete er.

Alle Leute im Viertel kannten die Geschichte: In der vergangenen Woche war das Elysée in einer einzigen Nacht schlagartig seiner größten Attraktionen verlustig gegangen. La Goulue, eine riesige Frau mit schier unersättlichem Appetit, die, vom Publikum angefeuert, die ganze Nacht Leckereien in sich hineinstopfte, und ihr Tanzpartner Valentin le Désossé – »der Mann ohne Knochen« – hatten beschlossen, zusammen mit den vorwitzigsten Mädchen des Etablissements an den neuen

Lieblingsort des vergnügungssüchtigen Publikums zu wechseln, das Moulin Rouge.

»Sollte das Elysée tatsächlich schließen, wird das Bild, das Renoir davon gemalt hat, an Wert zulegen«, bemerkte Johanna daraufhin betont trocken, um das Gespräch endlich in neue Bahnen zu lenken.

Anschließend sah sie erneut Theo an, der in seiner eigenen Welt versunken war, und stand auf, um das Dessert zu holen und nachzusehen, ob bei ihrem kleinen Sohn alles in Ordnung war.

Niemand erwähnte van Gogh, dessen Geist dennoch über der abendlichen Runde schwebte. Wie sollte man auch den Gedanken an den Toten verdrängen, dessen Leichnam sich nun in zwei Meter Tiefe auf dem Friedhof von Auvers allmählich zu zersetzen beginnt.
Theo sagte fast den ganzen Abend kein Wort. Anschließend ist er sofort eingeschlafen, bevor ich auch nur mein orangefarbenes Korsett ablegen konnte, das ihm immer so gut gefiel.
Seit Monaten schon ist in diesem Haus das Spiel der Körper eingestellt.
Dass wir es kaum erwarten konnten, uns zu lieben, als mein Bauch während der Schwangerschaft enorm angeschwollen war, scheint eine Ewigkeit her. Damals galt den ganzen Tag über jeder meiner oder Theos Gedanken bloß dem Augenblick, in dem der Abend uns in seinem bauchigen Schoß umfangen würde.

Es ist fast Mitternacht, und der kleine Vincent in seiner Eichenholzwiege – bereits jetzt ein ausgeprägter

Charakter – verlangt energisch nach Nahrung. Johanna gefällt die Vorstellung nicht, dass ihr Sohn in einem Viertel aufwachsen soll, in dem man schon mittags den Betrunkenen und Prostituierten auf der Straße aus dem Weg gehen muss.

Der Herbst stellt sich ein, wenngleich mit einiger Verzögerung. Der Regen an diesem Tag war nicht nur eine Erlösung für das verstaubte Straßenpflaster und die dürstenden Platanen, er war auch kalt und kam in heftigen Schauern.

In einer überraschenden Anwandlung hat Johannas Mutter für den kleinen Vincent ein Paket mit Mützen, Schals und Mäntelchen – alles aus Wolle – aus Amsterdam geschickt.

Im beigelegten Brief erkundigt sie sich nach Theos Zustand. Offensichtlich weiß oder ahnt sie, wie es zurzeit um Johannas Familie bestellt ist.

»Eigentlich will sie mir damit mitteilen, dass ich auf sie zählen kann«, sagt sich Johanna. Dass sich ihr hierauf die Kehle zuschnürt, ist wieder so eine Art, die Tränen zurückzuhalten, auch das ist Johanna bewusst.

Zum ersten Mal begeistert mich der Plan, umzuziehen und dadurch ein kleines Gärtchen für Vincent zu haben.
Vielleicht schiebe ich so aber auch nur die wirkliche Lösung auf die lange Bahn – viel vernünftiger wäre es nämlich, endlich nach Utrecht oder Amsterdam zurückzukehren.

Diese Vorstellung leuchtet ihr umso mehr ein, als sie am Abend zwischen alten Papieren auf einige Zeilen des chinesischen Dichters Wang Wei stößt. Geschrieben wurden sie vor mehr als tausend Jahren, und Johanna hat sie einst im British Museum aus dem Englischen übersetzt.

Über das Heimweh kennt sie nichts Vergleichbares: »Reisender, / der du aus meiner Heimat kommst, / was musst du nicht alles wissen. / Sage mir, als du dort aufbrachst, / hat da der Pflaumenbaum vor meinem Fenster schon geblüht?«

Am liebsten würde Johanna van Gogh-Bonger noch an diesem Abend die Koffer packen.

Vielleicht ist es nur Einbildung, doch Johanna hat das Gefühl, seit van Goghs Tod würden sich dessen Bilder ohne Unterlass vermehren. Überall tauchen neue auf, unter dem Bett, auf den Schränken, über den eigenhändig bestickten Wandbehängen, hinter dem Sofa, als chaotischer Stapel auf der gläsernen Vitrine, aufgerollt in den Ecken des Regals aus Ebenholz.

An die fünfhundert, wie Johanna und Zuleica, die junge Frau, die ihr hilft, in diesem Irrenhaus den Überblick zu behalten, verzweifelt feststellen.

Ich schreibe, und um mich herum führen die Farben einen schwindelerregenden Tanz auf.
Im Schlafzimmer blühende Obstgärten, im Esszimmer – über der Anrichte und jetzt gerade genau mir gegenüber – die Kartoffelesser, im kleinen Salon die große Landschaft bei Arles und eine Sternennacht über der Rhône.
Es blitzt und leuchtet im ganzen Haus. Und man könnte meinen, lauter verschiedene Maler seien da am Werk gewesen.

Während seines bloß viertägigen Aufenthalts in der Rue Pigalle blieb Johannas Schwager eines Morgens vor dem Bild mit den Kartoffelessern stehen.

Drei Tage zuvor war er angekommen und hatte seitdem keinen Pinsel angerührt, doch für alle war deutlich spürbar, dass arbeiten für ihn das einzige Mittel war, seine Unrast zu bekämpfen.

Die armen Kartoffelesser betrachtete er an diesem Tag, als hätte jemand anders sie gemalt. Gleichzeitig war ihm aber offenkundig bewusst, dass die Farben und die Art der Darstellung durchaus seiner früheren Vorgehensweise entsprachen. Es war, als stiegen beim Betrachten des Bildes verloren gegangene Erinnerungen in ihm auf. Irgendwann erklärte er, wegen dieser Studie habe er sich mit seinem Freund Anthon van Rappard überworfen.

Johanna kannte die Geschichte: Rappard hatte sich an irgendwelchen, seiner Meinung nach unsauber gearbeiteten Einzelheiten der Hände festgebissen und deswegen offenbar die Bedeutung des Bildes geschmälert, die doch in der großen Eindrücklichkeit der schicksalsergebenen Gesichter der Dargestellten besteht. Die beiden Freunde waren darüber in eine so heftige Auseinandersetzung geraten, dass sie sich anschließend nie wiedersehen sollten.

Fast schreiend hatte van Gogh seine Schwägerin an diesem Morgen – zwei Monate vor dem tödlichen Schuss – gefragt, welchen Eindruck jene Leute auf sie machten, ob sie sie bemitleidenswert finde oder ob sie Würde ausstrahlten.

»Natürlich strahlen sie Würde aus«, hatte Johanna

ohne langes Überlegen geantwortet, vor allem ihrem Schwager zuliebe. Als sie sich das Bild später noch einmal genauer ansah, gelangte sie jedoch zu dem Schluss, dass sie die Wahrheit gesagt hatte.

Van Gogh hatte es fünf Jahre zuvor gemalt. Seitdem waren hundert Jahre vergangen.

Albert Aurier ist siebenundzwanzig Jahre alt, scheint als Dichter jedoch eher einer früheren Epoche anzugehören. Als Kunstkritiker allerdings setzt er ganz auf neue Formen: Er ist *der* entscheidende Verteidiger der Vingtisten, von denen insbesondere Toulouse-Lautrec, van Gogh und Gauguin im Jahr 1890 malen, als hätte das zwanzigste Jahrhundert längst begonnen.

Als Kritiker arbeitet Aurier für den *Mercure de France,* und er nimmt für sich in Anspruch, der erste Entdecker des Werks von van Gogh in Paris zu sein. Gleichzeitig pflegt er sein Erscheinungsbild eines symbolistischen Dichters: dunkler Anzug, schwarze Fliege, sorgfältig gestutzter Bart – den er sich zudem nur am Kinn des kantigen Gesichts stehen lässt.

An diesem Abend in der Rue Pigalle verweilt er lange vor dem Bild mit den Kartoffelessern. »So zu zeigen, was Hunger bedeutet – einfach genial«, sagt er und lässt das Monokel unaufhörlich zwischen dem Etui und seinen Augen hin und her wandern. Mit dem langen ungekämmten Haarschopf vor dem Bild stehend, wiederholt er diesen Satz immer wieder, als machte er diese große Entdeckung stets aufs Neue.

Später berichtet er, in der Redaktion des *Mercure de France* sei am Morgen die Rede davon gewesen, dass die streikenden Bergleute im Borinage mit großer Entschlossenheit vorgingen.

»Besorgniserregend entschlossen, hieß es gestern auf der Titelseite von *L'Echo*«, merkt Johanna an.

Theo, Johanna und Aurier ist sehr wohl bewusst – auch wenn sie es nicht ansprechen –, dass eben dort, in diesem Kohlerevier, zwölf Jahre zuvor Vincent sein Glück versucht hat.

Zu der Zeit war er noch ganz erfüllt von seinem wahnhaft missionarischen Eifer, der ihn dazu bewegte, sich mit Leib und Seele an jenen Landstrich hinzugeben und sich in Kleidung und Ernährung völlig an die dort lebenden Minenarbeiter anzupassen. Was die Oberhäupter seiner Kirche dazu brachte, sich bei seinem Anblick naserümpfend zu fragen, ob dieser junge Mann sich denn für Jesus Christus halte.

Die Pariser Droschkenkutscher haben nach ihren ersten Streikerfolgen unterdessen die Strategie gewechselt: Jetzt fahren sie des Nachts einfach ohne Beleuchtung. Was jede Droschke in eine potenzielle Gefahr verwandelt.

Heute ist Samstag, und Zuleica, die junge Spanierin, die nicht mehr als fünfzig Wörter Französisch spricht, aber alles versteht, legt Johanna nahe, doch eine Weile spazieren zu gehen. Als diese später dann einmal mehr Montmartre durchstreift, merkt sie, dass sie des Pariser Lebens zunehmend überdrüssig wird. Wo sie früher Boheme und ein aufregendes Dasein entdeckte, nimmt sie jetzt Elend und Niedergang wahr.

Auf den Straßen der Stadt ist deutlich zu spüren, dass die drei Pfeiler, auf die das hiesige Gemeinwesen sich seit hundert Jahren lautstark beruft, ins Wanken geraten sind. Ja, genauer besehen, ist zwischen der Freiheit, der Gleichheit und der Brüderlichkeit mittlerweile ein heftiger Kampf um die Vorherrschaft ausgebrochen.
Derweil sieht man überall mehr und mehr Arme.

Der gute Émile Bernard war in den letzten Jahren Vincents treuester Freund. Auch er hat in diesen Tagen die Pinsel zur Seite gelegt, um Theo und Albert Aurier bei ihrem Versuch zu unterstützen, eine große Ausstellung ins Leben zu rufen.

Einfach ist es nicht, sie stehen mit ihrem Vorhaben doch ziemlich allein da.
Ich muss mich in Geduld üben. Theo klammert sich weiterhin an die Trauer und begeht alle möglichen Unvorsichtigkeiten. So hat er unserem Sohn gestern Knöpfe zum Spielen gegeben, als wüsste er nicht, dass Vincent alles in den Mund steckt, was ihm in die Hände fällt.

Theo gelingt es nicht, Abstand zum Werk seines Bruders zu entwickeln, so wie er schon vor dessen Tod außerstande war, seine kunsthändlerischen Fähigkeiten gewinnbringend dafür einzusetzen.

Er läuft unaufhörlich zwischen den Leinwänden auf dem Wohnzimmerboden hin und her. Die unfassbare Vielfalt verwirrt ihn.

»Wie soll man jemanden für die tiefe Gelassenheit seiner japanischen Szenerien gewinnen, wenn gleich daneben die Weizenfelder aus seinen letzten Monaten zu sehen sind?«, beschwert er sich.

Das ist alles, was Johanna an diesem Tag aus dem Mund ihres Mannes zu hören bekommt.

Dass es dem trauernden Theo kaum noch gelingt, Schlaf zu finden, raubt auch den anderen die Ruhe: Johanna und Zuleica machen sich große Sorgen, ebenso Johannas Bruder André und mit ihm die Baronin; die Freunde Émile Bernard und Albert Aurier kommen ebenfalls immer öfter auf seinen Zustand zu sprechen.

Irgendwann ist Johanna fast so weit, sich deswegen an Doktor Gachet zu wenden, der seinerzeit auch ihren Schwager Vincent behandelt hat.

Theos Zustand verbessert sich nicht. Er hat die Arbeit in der Kunsthandlung Goupil, wo man allmählich die Geduld mit ihm verliert, wieder aufgenommen, aber nur wenige Tage durchgehalten. Und um den Kleinen in der Wiege kümmert er sich so gut wie gar nicht. Das Einzige, was ihn beschäftigt, ist die große Ausstellung der Werke Vincent van Goghs.

Und dazu dessen Biografie – wenn er sich nicht gerade über die zwei großen Kartons voller Briefe beugt, die sein Bruder ihm im Lauf der letzten fünfzehn Jahre geschickt hat. Er liest sie immer wieder und bringt sie in die richtige zeitliche Abfolge, als könnte er sich durch dieses nicht enden wollende schmerzhafte Ritual von Vincent lösen.

Gestern hat er geklagt, er könne den einen Arm und das linke Bein nicht bewegen.

3

Ich schreibe wie jemand, der im Schlaf den Fuß unter der Decke hervorstreckt, um sich in der Dunkelheit zu verankern. Damit er beim Aufwachen den Weg zurück findet.

Theo hat wieder einmal drei ganze Tage nur im Bett zugebracht, um dann schlagartig mit vier oder fünf Leinwänden seines Bruders unterm Arm davonzustürmen. Sein Ziel ist das Büro des gefeierten Galeristen Durand-Ruel.

Als er zurückkommt, ist er am Boden zerstört.

Durand-Ruel hat es abgelehnt, eine große Retrospektive mit einer Auswahl aus den rund fünfhundert Bildern zu veranstalten, die sich im Lauf der zehnjährigen Schaffenszeit Vincent van Goghs angesammelt haben. Wortlos legt Theo sich wieder ins Bett – für wie lange, ist völlig offen, das ist seiner Frau klar.

Wann immer Johanna dieser Monsieur Durand-Ruel über den Weg gelaufen ist – im vergangenen Jahr des Öfteren im Rahmen der Pariser Kunstmesse –, nie hat er ihr auch nur das geringste Vertrauen eingeflößt. Theo hat er dreist ins Gesicht gelogen: hat von Terminen gesprochen, von unaufschiebbaren Verpflichtungen, von bereits fest ausgemachten Ausstellungen, statt einzugestehen, dass er Angst vor der leidenschaftlichen Glut dieser Bilder hat.

Immer das gleiche Lied.

Was wirklich dahintersteckt, erkennt Johanna offensichtlich deutlicher als Theo: Auch Durand-Ruel, das hat er allerorten zugegeben, ist hingerissen von Vincents radikalen Stilbrüchen. Aber sie irritieren ihn. Was nur folgerichtig ist, schließlich muss ihm klar sein, dass die Wucht, mit der diese Werke die Bühne betreten, eine große Herausforderung für seine so gut verkäuflichen Impressionisten darstellt.

»Durand-Ruel fühlt nur mit der Brieftasche«, sagt Johanna zu Theo.

Durand-Ruel ist nicht mehr so mutig wie früher – er wird alt. Van Gogh träumte davon, mit Leuten wie Gauguin oder Durand-Ruel an der Seite eine Brüderschaft der Farbe ins Leben zu rufen.
Mit allem, was die Palette aufzubieten hat, wollte er dem gängigen Konformismus etwas entgegensetzen, genau wie er eine Trutzburg errichten wollte gegen die mittlerweile so in Mode gekommenen schwarz-weißen Explosionen der Fotografie. Er hatte Großes mit ihnen vor, dieser van Gogh – er war ein Gläubiger, ein Fantast.

Theo ist kaum noch zu ertragen. Nach einem Streit mit ihrem Mann setzt Johanna sich in kurzen Abständen gleich dreimal an ihr Tagebuch:

Vincent bedeckt sein Gesicht mit der Zudecke und tut, als könnte er die Welt auf diese Weise zum Verschwinden bringen. Wie er jedes Mal lacht, wenn er die Decke wieder zurückschlägt und mich erblickt, die ich wartend an seinem Bettchen stehe! So habe ich ihn noch nie lachen hören, ich muss dabei daran denken, wie mein Bruder André als Kind gelacht hat.

Die Zeitungen schildern, wie der deutsche Kaiser Wilhelm II. sich die neueste Erfindung seiner Ingenieure hat vorführen lassen: eine Kanone aus der Waffenschmiede Krupp, deren Geschosse bis zu zwanzig Kilometer weit fliegen können.

Ich schreibe, so viel und so oft ich kann, um nicht der allgemeinen Oberflächlichkeit zu verfallen. Hier in Paris fühlt jedermann sich berufen, ständig irgendwelche Wahrheiten aus dem Ärmel zu schütteln, als ginge es darum, sein Gegenüber zum Kauf eines Hemdes oder meinetwegen auch einer Dampflok zu überreden.

Während Theos Körper immer leichter und flüchtiger wird, ist die kleine Gemeinschaft der Pariser Kulturbeflissenen in diesen Tagen des Oktobers 1890 in Anhänger und Gegner der *Gesänge des Maldoror* gespalten. Zwanzig Jahre nach dem Tod ihres Schöpfers Isidore Lucien Ducasse, des »Comte de Lautréamont«, sind sie neu herausgegeben worden.

Wenn Léon Bloy schreibt, dann ergreift er immer Partei: Ist der Autor nicht in einem schäbigen Hospiz gestorben? Schon deshalb solle man lieber die Finger von seinem Werk lassen. »Im Vergleich zu diesen *Gesängen des Maldoror* wirkt die satanische Litanei von Baudelaires

Blumen des Bösen wie harmlose, leicht verdauliche Kost«, schreibt Bloy in *La Plume*.

Johanna hat für die engen Zirkel der Pariser Literaten wenig übrig. Am schlimmsten findet sie just Léon Bloy. Seine Bücher wollen vor allem eins: den anderen Vorschriften machen. Bald hetzt er gegen den freien Vers, den er als verdammenswerte Abirrung verwirft, bald verwünscht er lautstark die Romane Émile Zolas.

Er ist intelligent, aber ohne jedes Talent.

Aus Sorge, einzelne allzu vorwitzige seiner lesenden Schäfchen könnten abtrünnig werden, stimmt Léon Bloy sich auf einen langwierigen Feldzug gegen die *Gesänge des Maldoror* ein. Er bezeichnet sie als Teufelswerk, fordert zur Zerstörung dieses Buches auf – und gleicht damit anderen, die in der Rue Pigalle 8 Theo und Johanna nahelegen, ebenso mit dem Werk van Goghs zu verfahren.

Kaum zu glauben, doch bereits seit mehreren Tagen wächst tatsächlich der Druck auf den kranken Theo und seine Frau, Vincent van Goghs Werk zu zerstören: Leute erscheinen, die sich das Recht anmaßen, in diesem Sinn auf die beiden einzuwirken. Sie tragen dunkle Kleidung – man könnte sie für Mitglieder einer geheimen Loge oder Sekte halten –, und sie treten auf mit der ganzen Durchsetzungskraft ihres gesellschaftlichen Rangs.

Seltsame Leute, die dem Werk van Goghs eine dunkle Kraft zusprechen: die Macht, andere in den Wahn zu treiben.

An diesem Oktobermorgen im Jahr 1890 kommt eine Abordnung von zwei Damen – Schwestern im fortgeschrittenen Alter – mit näselnden Stimmen und tiefen Furchen über der Nasenwurzel. Besonders auffällig ist ihr schlurfender Gang, der weniger ihrer lang entschwundenen Jugend geschuldet ist als den erlittenen Kränkungen und dem stockend durch ihre Adern fließenden bösen Blut.

Begleitet werden sie vom Sohn der einen – freiwillig ist der nicht mit von der Partie, das ist offensichtlich. Außerdem ist da noch ein älterer Herr, bei dem es sich um einen Oberst zu handeln scheint. Dieses Quartett also findet sich – mit steif herabhängenden Armen und Fäusten, deren Knöchel vor wohlerzogener Überanspannung ganz weiß sind – in der Wohnung in der Rue Pigalle ein.

Nur auf sich gestellt, das ist deutlich zu bemerken, wäre keiner von ihnen imstande, zu vertreten, was sie als Gruppe so resolut behaupten.

Sie sprechen von Ratschlägen und Empfehlungen, das aber im unverkennbaren Tonfall einer Drohung.

All dies maßlose Violett und Kobaltblau, das Smaragdgrün und Überseeorange müsse vernichtet werden. Als seien diese Farben die Kraft hinter der Kugel, die sich in Vincent van Goghs Brust bohrte. Als seien sie verantwortlich für die zunehmende Lähmung, die Theo befallen hat.

Johanna berichtet ihrem Mann nichts von alldem, es würde sein Elend nur vergrößern.

Haben diese Eindringlinge irgendeine Bedeutung? Wer genau hinter der Geschichte steckt, kann sie nicht erkennen, vielleicht werden diese Leute ja von Kunsthändlern vorgeschickt, die sich den neuen Formen verweigern. Oder von religiösen Fanatikern, für die sich im Schönen stets nur das dreiste Treiben des Teufels offenbart.

Wie dem auch sei, diese Leute führen sich auf, als wären sie die Herren im Haus, und verlangen von Johanna van Gogh-Bonger nachdrücklich, all die Bilder aus der Welt zu schaffen.

Hier, in meiner eigenen Wohnung in der Rue Pigalle 8 in Paris, fordern sie mich auf, das Feuer mit Feuer zu bekämpfen. Während stillschweigend der Plan in mir heranreift, nach Holland zurückzukehren, erwidere ich: Ja, gleich in der nächsten Vollmondnacht werde ich die Leinwände verbrennen, eine nach der anderen.
Auf dass sie endlich Ruhe geben.

Seltsames spielt sich derweil hinter verschlossenen Türen zwischen Johanna und Theo ab. Sie sitzen Seite an Seite an ein und demselben Tisch und scheinen doch meilenweit voneinander entfernt. Als stünden beide am Ufer eines Flusses, ließen den Blick jedoch in genau entgegengesetzte Richtungen übers Wasser schweifen.

Schrecklich, dieser düstere Riegel, der sich zwischen uns und unsere engsten Freunde und Angehörigen geschoben hat.
Theo scheint fest entschlossen, nur die Vergangenheit in den Blick zu nehmen. Für unseren Sohn dagegen, der uns doch vorwärts treibt, hat er keinerlei Aufmerksamkeit übrig.
In diesem Moment spielt der kleine Vincent neben mir mit einem Wollknäuel, und sein fröhliches Geschrei überdeckt die Trauer seines Vaters.

Theo verbringt mittlerweile die meiste Zeit mit der Lektüre der Briefe seines Bruders. Ohne sich klarzumachen, dass die Flammen ringsum weiterhin hell lodern und dass es einfach noch nicht so weit ist.

Wenn er gelegentlich seine Klausur im Arbeitszimmer unterbricht, spricht er von nichts anderem als der Biografie und der großen Ausstellung von Vincents Bildern. Dass hinter so viel hektischem Gebaren eine Obsession Blüten treibt und das schlechte Gewissen um sich greift, ist für jedermann mühelos ersichtlich.

Vor einer Weile ist Theo wieder einmal im Esszimmer erschienen, um seiner Frau einen zuckrigen Text Auriers vorzutragen: »Van Gogh malte, bis ihm die Buchstaben ausgingen, bis er den lebendigen Schimmer einer jeden Farbe endgültig erfasst hatte, unabhängig vom flüchtigen Wechselspiel des Lichts. Er malte gegen das Verstreichen der Zeit an, denn wie ließe sich ein Nachmittag, der vielleicht unser letzter ist, gültiger in einen Satz bannen als durch das ungehemmte Auftragen all dieser Gelb- und Orange- und Schwarz- und Zinnoberrottöne auf die Leinwand? Was van Gogh einmal in den Blick nahm, hielt er für immer fest, und so verabschiedete er sich in jedem einzelnen seiner Werke von uns und dieser Welt.«

Dass sie diese Worte als überladen und unangenehm süßlich empfindet, kann Johanna ihrem Mann nicht sagen. Stattdessen zieht sie sich in ihr Zimmer zurück und setzt sich an ihr Tagebuch.

Aurier spricht hier vor allem von sich selbst.
Ich weiß nur, dass der Glanz, den diese Bilder verbreiten, mich des Öfteren frühmorgens aus dem Schlaf reißt, mehr noch als die Insekten oder Vögel, deren Konzert zu dieser Stunde beginnt.

André Bonger macht sich seinerseits große Sorgen um die Gesundheit seines besten Freundes.

Gestern, beim gemeinsamen dienstäglichen Frühstück der Geschwister, hat er Johanna gestanden, dass Theo einen viel schlechteren Eindruck auf ihn macht als vier Jahre zuvor. Damals galt es, die Mutter der Brüder van Gogh mit Engelszungen zu umgarnen, damit sie nicht merkte, dass ihre Söhne weder zusammen noch getrennt leben konnten.

Zu der Zeit war Johanna in Theos Leben getreten.

André hatte die beiden einander vorgestellt, als er und Theo an einem Samstagmorgen von einer bloß halbwegs zu einem befriedigenden Ende gebrachten Nacht voller Wermut und Ausschweifungen zurückgekehrt waren. Sie hatten versucht, Theos Trauer darüber zu bekämpfen, dass sein Bruder am Vorabend in einem Wutanfall das Haus verlassen hatte.

Die beiden – Theo und André – aßen fast täglich gemeinsam in einem kleinen Restaurant zu Mittag, dem »Madame Bataille«, nur wenige Schritte von der damaligen Wohnung der Brüder entfernt.

Um den jungen Mann ein wenig zu verführen, der schon als Jugendlicher der beste Freund ihres Bruders gewesen war, ließ Johanna sich an diesem Mittag auf die männlich-verbitterte Stimmung der beiden Heimkehrer ein.

André ist überzeugt, dass seine Schwester so wie damals auch jetzt etwas gegen Theos Kummer tun, ihn wieder aufrichten könnte.

Für Johanna klafft jedoch ein Abgrund zwischen der Lebhaftigkeit des Kindes und der Erstarrung ihres

Mannes. Wenn sie, in der Wohnung in der Rue Pigalle aus dem Zimmer des Ersteren kommend, das des Letzteren betritt, ist es, als wechselte sie vom Sommer unmittelbar in den Winter über.

»Nicht einmal der Wissenschaft ist mehr zu trauen«, hat Theo an diesem Morgen ausgerufen und außer sich vor Empörung eine Zeitschrift von sich geschleudert, die am Ende ihrer Flugbahn an van Goghs »Nachtcafé in Arles« geprallt ist; eine der verschiedenen Gemäldeversionen lehnte gerade am Bücherregal.

Grund der Aufregung war ein in der Zeitschrift abgedruckter Warnhinweis für Schmetterlingssammler: Mehr als ein Mal habe man feststellen müssen, dass eins der teuren Sammlerstücke – mit unbestreitbarem Geschick – von Fälscherhand nachkoloriert worden sei.

Und alles bloß zu dem Zweck, selbige als »neu entdeckte Arten« zu einem höheren Preis auf dem Markt zu präsentieren.

Noch Stunden später lässt Theo die Sache keine Ruhe, bis er sich irgendwann unendlich erschöpft ins Bett legt.

Sein hysterischer Auftritt macht Johanna deutlich, dass sie sich vergangene Woche instinktiv völlig richtig verhalten hat: Wie hätte sie Theo auch sagen sollen, dass man ihr auf dem Markt einen falschen Fünfzigfrancsschein angedreht hatte? Um seinem Gefühl, die ganze Welt habe sich gegen ihn verschworen, nicht noch zusätzlich Nahrung zu geben, erzählte sie gar nichts davon.

Stattdessen lieferte sie den falschen Schein bei der Zentralbank ab, damit Ermittlungen eingeleitet würden.

Es handelte sich um eine sauber gedruckte Banknote, eine sorgfältige Fälschung.
Bei genauerem Hinsehen wirkte die Druckfarbe allerdings ein wenig dunkler als bei herkömmlichen Scheinen, und das Papier fühlte sich etwas dicker an als üblich. Davon abgesehen, eine makellose Arbeit.
Die Besuche der Sektierer, falsche Geldscheine – es ist furchtbar, auf einmal vor meinem Mann Dinge geheim halten zu müssen.

Johanna verlangt nicht von Theo, sich um Haushaltsangelegenheiten zu kümmern – es müsste Kohle gekauft und im Zimmer des kleinen Vincent einige lose Dielen neu befestigt werden.

Sie bittet ihn nur, die Arbeit bei der Kunsthandlung Goupil wieder aufzunehmen, andernfalls wird man ihn dort entlassen.

»Gestern habe ich meinem Vater geschrieben und ihn um Geld gebeten«, sagt Johanna beim Abendessen.

Theo hört ihre Worte, ohne dass sich sein Stolz auch nur im Geringsten regen würde.

Sonntagabend. Ich brauchte bloß dieses Heft aufzuschlagen, und schon hat es aufgehört zu regnen.
Manchmal, wenn Vincent in seiner Wiege weint, mir gleichzeitig die Zwiebeln in der Pfanne anzubrennen drohen, die Wohnung seit zwei Tagen unaufgeräumt ist und Theo nichts anderes macht, als sich im Bett liegend seinem Kummer hinzugeben; in solchen Momenten also richte ich manchmal den Blick auf den einsamen Flug eines Vogels über einem Feld voll kleiner violetter Blumen, durch die der Wind streift.

Das Gemälde steht auf einem Sessel neben dem Kleiderschrank.
Ich glaube, van Gogh hat es in Asnières gemalt. Er hatte inzwischen Hiroshige und Hokusai entdeckt und seitdem versucht, die Welt durch die Augen eines japanischen Künstlers zu betrachten.
Das stumme Bild übt eine wohltuende Wirkung auf mich aus.

Johanna würde die Absicht ihres Mannes, seinen Bruder vor dem Vergessen zu bewahren, ja unterstützen. Mit aller Kraft – wäre da nicht das dumpfe Gefühl in der Magengrube, das ihr sagt, dass der richtige Augenblick noch nicht gekommen ist.

Dass Theos Hast und Ungeduld nirgendwohin führen.

In der Nacht greift Johanna wieder zu ihrem Tagebuch.

Die letzten Gemälde sollten als unausweichlich und endgültig anerkannt werden. Dazu bedarf es einer ausgeklügelten Strategie, der richtigen Vorgehensweise. Man muss das Ganze langsam auf kleiner Flamme köcheln lassen, bis irgendwann das Eigentliche zum Vorschein kommt.
Ob ich so etwas jemals werde zu Theo sagen können? Wird er mir zuhören?
Heute Morgen hat er mitgeteilt, unterhalb der Knie spüre er die Beine nicht mehr. Außerdem hat er über einen heftigen Schmerz zwischen den Schulterblättern geklagt, als steckte dort ein Dolch. Oft ist er stundenlang ganz wirr im Kopf.

Dass Theo immer wieder hektische Betriebsamkeit entfaltet, um anschließend tagelang reglos im Bett zu liegen, macht die Lage in der Wohnung in der Rue Pigalle zusehends unerträglich.

Gestern Abend hat er sich plötzlich wie der Blitz auf den Weg ins Tambourin gemacht, ein tristes Cabaret am Boulevard de Clichy. Toulouse-Lautrec hat dort ein Zimmer gemietet.

Bei der Rückkehr hat Theo seiner Frau erzählt – als wäre es die selbstverständlichste Sache der Welt –, er habe sich lange mit der Italienerin Agostina Segatori unterhalten, die in dieser Lokalität mehrere Mädchen beschäftigt.

Ein paar Jahre zuvor hatten van Gogh und seine Freunde einmal ebendort Bilder aufgehängt – in einem Bordell! Ein ziemlicher Tabubruch, sie taten jedoch, als handele es sich um einen Scherz. Theo hatte das Unterfangen seinerzeit bloß als gedankenlosen und kindischen Akt der Auflehnung gegen die Widersprüche des Geschäftes mit der Kunst abgetan. Als Dummejungenstreich.

Johanna kann nicht glauben, dass Theo jetzt ernsthaft vorhat, ausgerechnet dort eine Ausstellung der Werke seines Bruders zu veranstalten. Zwei Tage lang spricht sie nicht mit ihm, Theo merkt trotzdem nicht, dass er sich hoffnungslos verrannt hat.

Wie schon kurz nach der Geburt des kleinen Vincent hat sich Wilhelmina, van Goghs jüngere Schwester, ohne viel Aufhebens in der Rue Pigalle eingestellt – als wüsste sie um die Schwierigkeiten der kleinen Familie.

Wie immer fällt ihre Art zu gehen auf, sie wirkt ein wenig tollpatschig. Außerdem hat sie ein paar Kilo zu viel auf den Hüften und im Gepäck ein Buch von François Poullain de la Barre, *De l'Égalité des deux sexes*. Auf dem

Umschlag heißt es durchaus provokant: »Das erste feministische Werk, das die Forderung nach Gleichbehandlung der Geschlechter untermauert.«

Wil ist ebenso exzentrisch wie ihre Brüder. Trotzdem zieht Johanna sie allen übrigen Mitgliedern der Familie van Gogh vor. Sie hat nichts von dem Hochmut ihrer älteren Schwester Elisabeth und ist auch nicht so selbstgerecht wie Mutter Anna, »die Frau mit dem eisigen Blick« und dem oft so unberechenbaren Verhalten.

Diskret verkündete sie bei der Ankunft bloß, sie habe ihrem kleinen Neffen wieder einmal einen Besuch abstatten wollen. Trotzdem muss ihr jemand gesagt haben, wie es um uns und vor allem um Theo steht.
Eben deshalb stellt sie sich unserem Haushalt zur Verfügung, der aus dem Ruder zu laufen droht.
Wie sehr ich sie vermisst habe!

Wils Eintreffen gibt Johanna neuen Schwung. Hinter Theos Rücken, dafür aber in Begleitung ihrer Schwägerin, sucht sie Doktor Gachet in seiner Pariser Praxis in der Rue de Faubourg Saint-Denis 78 auf.

Doktor Gachet hat gerade an der Universität von Montpellier eine Arbeit über die Melancholie vorgestellt. Sie vereinbaren, dass Johanna mit Theo zu ihm nach Auvers kommen wird.

Am Abend des 4. Oktober 1890 feiert Johanna mit Theo, Wil, André und der Baronin ihren 28. Geburtstag. Es gibt eine Fleischpastete, dazu Bier. Vor allem aber nutzt Johanna die gelöste Stimmung, um Theo von ihrem Vorhaben zu überzeugen.

Angeblich, um Blumen auf van Goghs Grab zu legen – außerdem könne dem Kleinen ein wenig Luftveränderung nur guttun –, vereinbaren sie, am nächsten Sonntag nach Auvers zu fahren. Eigentlich dient die Reise jedoch dem Zweck, mit ausreichend Zeit und fern vom Trubel der Stadt Theo die Möglichkeit zu einem Gespräch mit Doktor Gachet zu verschaffen.

Als es so weit ist, beschließt Wil, mit dem Neffen in Paris zu bleiben. Der Kleine hat immer noch eine ebenso lästige wie hartnäckige Erkältung. Bei der Einfahrt in den Bahnhof von Auvers brauchen Johanna und Theo sich bloß anzusehen, um zu wissen, woran der andere gerade denkt – an die Begegnung mit van Gogh vor ein paar Monaten, genau an diesem Ort. Damals haben sie ihn zum letzten Mal lebend gesehen.

Mit einem Vogelnest in den Händen hatte der Maler sie am Bahnhof erwartet. Das Einzige, was Vincent van Gogh seinem Neffen zu Lebzeiten zum Geschenk machen konnte, waren sein Name, das Bild mit den blühenden Mandelzweigen und dieses Vogelnest.

Johanna würde am liebsten gleich zu Doktor Gachet gehen, Theo beschließt jedoch, gewissermaßen aus Dankbarkeit, zuallererst der Auberge Ravoux einen kurzen Besuch abzustatten, wo sein Bruder die letzte Zuflucht fand.

Beim Betreten des Lokals zeichnet sich Verärgerung auf Theos Gesicht ab, wie Johanna bemerkt: Auf dem Billardtisch, wo seinerzeit der Sarg mit van Goghs Leichnam stand, wird gerade eine Partie ausgetragen. Zwei groß gewachsene Männer notieren schweigend die erreichten Punktzahlen.

Das Ehepaar Ravoux gibt bescheiden sein Bestes, um das gemeinsame Frühstück so angenehm wie möglich zu gestalten. Theo erkundigt sich, ob sich noch Bilder seines Bruders im Haus befinden. Herr Ravoux sieht seine Gattin an, atmet einmal tief durch und sagt dann, bis auf das Porträt seiner Tochter seien alle Gemälde zum Doktor gebracht worden.

Als man sich etwas nähergekommen ist, gestehen Herr und Frau Ravoux, dass sie ein wenig befremdet über die Hast, ja Gier waren, mit der Doktor Gachet und sein Sohn gleich nach van Goghs Beerdigung so viele Bilder wie möglich in ihren Besitz brachten.

»Los, mach schon!«, soll der Doktor seinen Sohn beim Zusammenrollen der Leinwände angetrieben haben.

Bis die Gastgeber schließlich vertrauensvoll erzählen, dass diese Formulierung zu einer Art geflügeltem Wort der Familie Ravoux geworden sei. Wenn es jetzt etwas Dringendes zu erledigen gebe, forderten sie sich gegenseitig damit zur Eile auf: »Los, mach schon!«

Das verspielteste aller verspielten Häuschen von Auvers-sur-Oise bewohnt offensichtlich Doktor Gachet. Es hat eine große Terrasse mit weitem Blick übers Tal und ist außerdem das Heim von acht Katzen und zehn Hunden sowie Hühnern, Kaninchen und Tauben, die einem jederzeit unversehens über den Weg laufen.

Johanna merkt auf den ersten Blick, dass sich seit ihrem letzten Besuch einiges in dem Haus verändert hat. Van Goghs Bilder nehmen jetzt bevorzugte Plätze ein, zum Nachteil der Werke Pissaros oder Cézannes. Johanna wird klar, dass, anders als die bösen Dörflerzungen wollen, in den zitierten Worten des begeisterten Sonntagsmalers

Gachet nicht nur Habgier zum Ausdruck kommt – sein »Los, mach schon!« verrät echte Begeisterung.

Hieran – abgesehen von den Äußerungen Theos, Auriers, Bernards und einiger anderer aus ihrem Kreis – erkennt Johanna van Gogh-Bonger den wahren Wert der Bilder ihres Schwagers.

Nach dem Mittagessen ziehen Doktor Gachet und Theo sich in das ärztliche Behandlungszimmer zurück.

Als man am späten Nachmittag schließlich zum Friedhof aufbrechen will, klagt Theo plötzlich über Kopfschmerzen und ein taubes Gefühl in den Beinen – offenkundig bringt er noch nicht die Kraft für den ersten Besuch am Grab seines Bruders auf.

Johanna besänftigt ihre Empörung hierüber, indem sie die Gelegenheit zu einem Gespräch mit Doktor Gachet nutzt, der jedoch erstmals an diesem Tag offenbar um Worte verlegen ist. Johanna stellt fest, wie schwer sich Ärzte tun, sobald sie unterschiedliche Krankheitssymptome nicht unter dem Namen einer wohldefinierten Krankheit zusammenfassen können. Bei der Rückfahrt im Zug schreibt sie in ihr Tagebuch.

Die Bäume auf dem Weg zum Bahnhof zeigten unübersehbar die nahe Ankunft des Herbstes an.
Als wir an der Kirche von Auvers vorbeikamen, musste ich daran denken, dass ihr Abbild mit Reißzwecken befestigt bei uns im Flur hängt.
Im Vergleich zur jugendlich-glanzvollen Pinselführung des Bildes und ohne den dramatischen Himmel voll düsterer Vorzeichen darüber kam mir die wirkliche Kirche seltsam leblos vor.

Van Goghs Darstellung fügt der Landschaft etwas hinzu, sie verbessert sie.
Ich schreibe im Zug zurück nach Paris, noch genauso verwirrt wie zuvor, ja vielleicht noch mehr. Kann oder will Doktor Gachet mir keine klare Auskunft über Theos Gesundheitszustand geben?

In Gachets Handbewegungen, mehr noch als in den ungesagt gebliebenen Worten, glaubt Johanna ihre eigenen Schreckgespenster wiederzufinden.

4

Wil ist wieder abgereist, und Zuleica hat ihren freien Tag. Von all der Hausarbeit entmutigt Johanna nichts so sehr, wie selbst Eimer voll Wasser ins Bad oder in die Küche schleppen zu müssen.

In solchen Augenblicken – auch wenn sie im Hof einen schweren Ast zur Seite räumt oder in der Küche den Herd anzündet – wird ihr bewusst, dass ein Mann im Haus fehlt. Ihr eigener Mann kehrt unterdessen der Gegenwart den Rücken und fristet sein Dasein, indem er sich ausschließlich den Erinnerungen an seinen toten Bruder widmet.

Doch es gibt so viel zu tun, dass gar keine Zeit bleibt, sich als Opfer zu fühlen.

Bei der gemeinsamen Arbeit an der Biografie Vincent van Goghs ist es heute zu einer heftigen Auseinandersetzung zwischen Theo und Albert Aurier gekommen. Der Kritiker des *Mercure de France* hatte die Ansicht geäußert, van Gogh habe zum Zeitpunkt seines Todes zur endgültigen künstlerischen Form gefunden, und lautstark um all die Bilder geklagt, die er noch hätte malen können.

Daraufhin hat Theo die Fassung verloren und den anderen fast geschlagen.

»Was heißt hier, all die Bilder, die er noch hätte malen können? Es geht um die Tage, die er noch hätte leben können!«, hat er, völlig außer sich, geschrien und Aurier wütend vor die Brust gestoßen.

Johanna sah sich gezwungen, einzugreifen.

Um den Verstand ihres Mannes steht es schlimmer denn je.

Das ganze Wochenende über herrscht im Haus in der Rue Pigalle ein seltsames Kommen und Gehen von Koffern und Kisten: André und die Baronin beziehen die Wohnung im vierten Stock, Johanna, Theo und Vincent nehmen stattdessen endlich im Erdgeschoss Quartier.

Ein wirklicher Umzug ist es für Johannas kleine Familie jedoch nicht. Die wichtigen Möbel bleiben oben, nur das Unverzichtbare wird mitgenommen: Vincents Wiege, die Hunderte von Gemälden van Goghs, Kleider und Geschirr, und die mehr als sechshundert Briefe, Theos heiligste Reliquie.

Den Großteil der Arbeit erledigen freilich Johanna und André; Annie unterstützt sie, indem sie sich um den kleinen Vincent kümmert, während Theo gerade einmal dazu imstande ist, halbwegs für sich selbst zu sorgen. Es scheint ihm egal zu sein, in welchem Stockwerk sie künftig wohnen werden, Hauptsache, die Briefe des Bruders bleiben in seiner Nähe.

Wenn der Wahn und die grenzenlose Niedergeschlagenheit ihn wieder einmal zu übermannen drohen, kann noch am ehesten André, seit jeher Theos bester Freund, Abhilfe schaffen. Heute hat er lange an Theos Bett gesessen und mit ihm gesprochen.

Abends taucht André im Erdgeschoss auf, um den

ersten Cognac des Herbstes zu trinken. Theo schläft, und Johanna heizt den Herd in der Küche an, sie braucht warmes Wasser für das Wannenbad ihres Sohnes.

»Dass Theo und Vincent dermaßen eng verbunden waren, habe ich nie ganz verstanden, ich kann mir eine solche Leidenschaft jedenfalls nicht erklären«, sagt André zu seiner Schwester.

Johanna arbeitet unaufhörlich. Gestern war sie in der Kunsthandlung Goupil, um die Gemüter zu besänftigen. Sie hat um Verständnis für die Trauer ihres Mannes geworben und mit einem der dort angestellten Schreiner gesprochen: Er soll für mehrere Gemälde van Goghs Rahmen anfertigen.

Eins davon zeigt Doktor Gachet als Zuhörer; so wie er am Tisch sitzt, erinnert er an ein Schiff mit Schlagseite. Auf einem anderen sieht man Gachets Tochter Marguerite an einem Sommertag im Garten, es ist, als hätte sie sich inmitten all der Blumen verirrt. Ein drittes repräsentiert das Weiterleben eines blühenden Mandelzweigs in einem Glas Wasser. Noch ein anderes ein Weizenfeld, das den Betrachter aufzufordern scheint, sich für immer in seine goldenen Fluten zu stürzen.

Während Theo von gewaltigen Werkausstellungen träumt, kümmert Johanna sich darum, die Bilder aus der Verbannung zu holen.

Was ihren Mann angeht, so ist es ihr lieber, er sitzt ruhig zu Hause.

Wie sie mit ihm umzugehen hat, wenn er, in seinen Abgründen versunken, unter der Decke liegt, weiß Johanna. Sobald ihn jedoch die Verzweiflung packt und er, von einem unbekannten Drängen getrieben, zum

Fremden wird, verliert sie ihre Sicherheit. Zeitweilig ist es unmöglich, seiner Heftigkeit standzuhalten.

Theos nicht enden wollende Trauer und die immer stärkere Lähmung, die ihn erfasst hat, bringen mich zur Verzweiflung. Ich kämpfe dagegen an, indem ich mich um Vincent kümmere.
Ich finde kaum noch die Ruhe zum Lesen oder Schreiben. Dafür nähre ich mich insgeheim durch van Goghs Bilder.
Wenn ich nicht einfach bloß schweigen würde, könnte ich es in diesen Tagen nicht neben ihm ertragen. Manchmal schläft er zwei, drei Tage lang so gut wie gar nicht. Am schlimmsten wird es, wenn er die ganze Welt gegen sich verschworen glaubt. Nach einem solchen Unwetter kommt quälende Ruhe, dann liegt er tagelang reglos und völlig abwesend im Bett. Bis zum nächsten Ausbruch.
Gestern haben wir gestritten. Ich habe ihn gefragt, was aus seiner Arbeit bei der Kunsthandlung Goupil werden soll. Daraufhin hat er mich wüst beschimpft. Nicht vorstellbar, dass jemand noch mehr Macht über mich ausüben könnte: Er äußert ausnahmslos alles, was ihm durch den Kopf geht, jeden noch so unbedachten Gedanken, und ich darf kein Wort darauf erwidern.
Ich möchte weg aus Paris.

Spätnachts an einem Mittwoch im Haus in der Rue Pigalle. Mit dem ausgelassenen Treiben im Viertel scheint es fürs Erste vorbei zu sein – wenigstens bis zum nächsten Tag –, und der kleine Vincent schläft. Theo ist endlich ein wenig zur Ruhe gekommen, er liegt im Bett;

unterdessen schreitet Johanna die Bilder ab, die sie über die ganze Wohnung verteilt hat.

Neben den fünf, die schon im vierten Stock aufgehängt waren, leuchten an sämtlichen Wänden der neuen Behausung Unmengen weiterer Gemälde in wildem Durcheinander. Es ist, als wollten sie auch noch das letzte freie Fleckchen in Beschlag nehmen.

In der Zeit, da die die Willenskraft zersetzende Lähmung ihres Mannes unaufhaltsam fortschreitet, ist dies der erste Schritt zur Übernahme des Kommandos gewesen: Johanna hat endlich van Goghs Werke aus ihrem Versteck geholt, wo sie ein zielloses Dasein im Verborgenen fristeten.

Mit einem Kerzenleuchter in der Hand nimmt Johanna Bild für Bild in Augenschein, und ihr Gesicht erstrahlt wie von einer plötzlichen Offenbarung. Die Geschichte von van Goghs hartnäckiger Liebe zu seiner Cousine Kee, die mit einem Skandal endete, kommt ihr ins Gedächtnis. Der Legende nach hielt van Gogh eines Abends, als es wieder einmal mit ihm durchging, vor den Augen eines Großteils der Familie die Rechte – vielleicht war es auch die Linke – über eine brennende Kerze.

»Lasst sie mich sehen, und sei es nur so lang, wie ich diesen Schmerz ertrage, mehr verlange ich nicht«, soll er gefleht haben, während sich der Geruch nach verbranntem Fleisch im Zimmer ausbreitete.

Was für ein verzweifelter Erpressungsversuch.

Dennoch kommt Johanna in dieser Nacht in Montmartre kein Umstand aus van Goghs Leben so widersinnig vor wie die Tatsache, dass er sein Schicksal als Künstler ausgerechnet in die Hände seines jüngeren Bruders legte, der doch in genau demselben Feuerkreis der Familie gefangen war.

Als schließlich die ersten Strahlen der Herbstsonne erscheinen und, begleitet von kalten Windstößen, den Himmel über Paris rot färben, riecht es auf einmal nach brennendem Holz – das erste Anzeichen des nahenden Winters.

Seit dem frühen Morgen verfolgt Theo seine Frau mit lauter schäbigen Vorwürfen, wegen aller möglichen Kleinigkeiten und Belanglosigkeiten. Um sich davon nicht den Tag verderben zu lassen, beschließt Johanna, das Übel bei der Wurzel zu packen.

Theos Klage darüber, dass kein frisches Wasser in den Eimern sei, oder die kriminalistische Art, wie er mit dem Finger über die Oberkante des Sekretärs streicht, um nachzuprüfen, ob ordentlich Staub gewischt wurde, erweisen sich so als Botschaften, die auf etwas ganz anderes abzielen.

Theo scheint im Klammergriff einer tiefen Trauer zu stecken, die seine Muskeln in ständiger lähmender Anspannung hält. Allein auf seine Zunge wirkt sich das genau umgekehrt aus. Er ist von der Idee besessen, er hätte seinen Bruder retten können, statt sich ins Gedächtnis zu rufen, dass er diesen während der letzten zehn Jahre unerschütterlich unterstützt hat, damit er sich ausschließlich der Malerei widmen konnte.

»Letztes Jahr haben wir ihn dreimal zu uns eingeladen«, hält Johanna ihrem Mann entgegen.

Sie hatten geglaubt, van Gogh anlässlich der Hundertjahrfeier der Revolution nach Paris locken zu können, aber der interessierte sich damals nur noch für seine Malerei.

Dass der Eiffelturm Monat für Monat höher emporragte, schien ihm keiner Aufmerksamkeit wert. Ebenso wenig die Weltausstellung, die alle möglichen Indianer aus weit entlegenen Teilen der Erde wie in einem Zoo präsentierte. Und auch nicht der Cowboy aus Amerika, der mit wilden Revolverschüssen Äpfel zum Tanzen brachte, die sich ein paar arme Teufel gegen ein Entgelt von fünf Francs pro Stunde aufs schwer gefährdete Haupt legten.

Selbst die frisch aus Indonesien eingetroffenen Korbmöbel, die argentinischen Wollstoffe, die so angenehm auf der Haut liegen, oder die unbekannten afrikanischen Früchte, die am Gaumen zu süßem Saft zergehen, übten keinerlei Anziehung auf ihn aus.

»Sie haben die Revolutionsfeiern zum bloßen Spektakel verkommen lassen, wie man in Frankreich überhaupt alles zum Spektakel verkommen lässt«, lautete van Goghs Kommentar in einem der regelmäßig in der Rue Pigalle eintreffenden Briefe. Sehr gut geschriebene Briefe übrigens, zumindest die wenigen, die Johanna bislang zu Gesicht bekommen hat.

Johanna lässt sich in ihrer Wohnung in der Rue Pigalle 8 im Pariser Stadtteil Montmartre fotografieren, und so, wie sie in die Kamera blickt, scheint ihr bewusst zu sein, dass dieses Bild in die Geschichte eingehen wird.

Jemand richtet die Kamera auf sie, während sie den kleinen Vincent in den Armen hält. Nicht jenen Vincent van Gogh, der gleich nach seiner Geburt gestorben ist, und auch nicht den, der auf den Tag genau ein Jahr danach das Licht der Welt erblickt hat. Den, der – vergeblich – jenes Unglück ungeschehen machen wollte und später wie besessen malte, was ihm unter die Augen kam, um vielleicht auf diese Weise zu vergessen, dass er den Namen seines toten Bruders auf dem gebeugten Rücken mit sich trug.

Nein, jener Vincent van Gogh in Johannas Armen ist ihr Sohn, der bald ein Jahr alt sein wird. Johanna schreibt:

Das Foto hat der treu ergebene Maurice Beaubourg aufgenommen, und man kann geradezu sehen, wie die Linse sich weitet, um auch die gerahmten oder bloß notdürftig an den unebenen Wänden befestigten Gemälde ringsherum mit aufs Bild zu bekommen.
In dieser Wohnung bringe ich, so gut ich kann, meine verbleibende Zeit in Paris zu. Umgeben von knalligen Sonnenblumen, die sich um keinerlei Armutsgebot scheren, gelben Stühlen, auf denen nie jemand zu sitzen scheint, erbarmungslosen Selbstporträts und Himmeln, die wie im Wahn um sich selbst kreisen, als wollten sie auf und davon fliegen.

Im Nebenzimmer macht sich auch Theo allmählich daran, zu verschwinden.

Manche Dinge kann Johanna ihrem Tagebuch nicht anvertrauen. Früh am 12. Oktober 1890, zweieinhalb Monate nach dem Selbstmord seines Bruders, bricht sie mit Theo auf, um Doktor Dubois' Klinik für Geisteskranke einen Besuch abzustatten. Was sie dort zu sehen bekommt, wird sie ihr Leben lang nicht vergessen.

Zwei Tage später suchen sie eine noch elendere Anstalt auf, die von Émile Blanche. Johanna wird klar, dass eine

Erkrankung des Geistes tiefere Wunden schlägt als jede körperliche Verletzung. Die Trauer um seinen Bruder, sagt Johanna sich zum ersten Mal, hat Theo unwiederbringlich auf den Weg in eine Tragödie geführt.

»Nichts von alldem werde ich aufschreiben – man kann der Hölle einen Besuch abstatten, anschließend darüber berichten kann man nicht«, notiert sie ebenfalls in ihrem Tagebuch.

Johanna spürt, dass es besser ist, manche Dinge eine Weile ruhen zu lassen, nicht sofort darauf zu sprechen zu kommen. Während sie ihrem kleinen Sohn die Windeln wechselt, nimmt sie sich vor, die aufwühlenden Ängste und Befürchtungen dieser Tage sich erst einmal setzen zu lassen, bevor sie an ihre Beschreibung geht.

Es gibt aber auch den gegenläufigen Impuls, der eindeutiger und drängender ist, so wie jetzt, wo sie sich im hellen Morgenlicht zum Schreiben niederlässt – die wahren Alpinisten wissen darum: Alle Berge wachsen nach innen.

So wie er hier in seinem Bett liegt, scheint er ein tieftrauriger Mensch zu sein, im Bordell der Agostina Segatori aber hat er sich angeblich äußerst umtriebig gezeigt. Womöglich beabsichtigt er tatsächlich, dort, wie vor ein paar Jahren, die Bilder seines Bruders aufzuhängen.
Im Tambourin soll er betrunken in den Armen der Besitzerin gelegen haben.
Gestern lief er wütend und völlig außer sich im Zimmer auf und ab – das Kind weinte, und er hatte ein Messer in der Hand. Es geht nicht mehr, ich darf mich nicht an diesen Irrsinn gewöhnen – ich möchte zurück nach Holland.

Ich werde Theo überreden mitzukommen. Bei uns zu Hause werden wir leichter Hilfe für ihn finden.
Wenn er nicht möchte, kehre ich mit unserem Sohn allein zurück.

Später fügt sie hinzu: »Jedes Mal, wenn ich mich abends zum Schreiben niederlasse, besucht mich ein Kolibri an meinem Fenster. Ich nehme das als gutes Vorzeichen.«

Die Bilder und Möbel bleiben vorläufig in Paris. Auf die Rückreise nach Holland nehmen sie nur zwei große Koffer voll Kleidung und eine Kiste mit allen Briefen Vincent van Goghs sowie vier Gemälde mit: das Selbstbildnis mit verbundenem Ohr, die Arme-Leute-Schuhe und zwei der Sonnenblumen, die im Unendlichen wurzeln.

Als Johanna, Theo und der kleine Vincent aufbrechen, spricht man in Paris nur über ein Thema: eine Familientragödie, die sich ganz in der Nähe der Wohnung in der Rue Pigalle zugetragen hat, gerade einmal fünf Gehminuten in südlicher Richtung entfernt.

Alle Zeitungen haben an diesem Tag mit der Geschichte aufgemacht, es handelt sich um einen in New Orleans geborenen Zeichner und Illustrator mit Namen Hayen, der anlässlich der Weltausstellung nach Paris gekommen war. Als dieses Spektakel mit einem großen Feuerwerk zum Abschluss gekommen war, ging es mit vielen Künstlern ebenfalls zu Ende: Sie fanden keine Arbeit mehr.

Hayen, seine Frau und ihre sechs Kinder hatten schon seit mehreren Tagen nichts mehr gegessen, als die älteste Tochter schließlich Kohlen besorgte, sich die Familie in ihrem Zimmer einschloss, den Herd anfeuerte und in inniger Umarmung den Erstickungstod starb.

Erst vier Tage danach rief der unverkennbare Geruch der Katastrophe die Polizei auf den Plan. Sie brach die Tür auf und fand Mrs Hayen noch lebend, aber umgeben von sieben Leichen vor. Sie konnte gerettet werden, erlangte allerdings, zu ihrem Glück, nicht mehr das volle Bewusstsein.

Nicht dass Johanna die sechshundert Bilder vergessen hätte, die in der Rue Pigalle zurückbleiben und die für immer verloren gehen könnten. Dennoch ist sie im Augenblick vollauf damit beschäftigt, sich um die Gesundheit ihres Mannes und die Rückkehr nach Holland zu kümmern, wo es hoffentlich für Theo und sie, vor allem aber für ihren Sohn Unterstützung geben wird. Johanna möchte verhindern, dass der Kleine zum unmittelbaren Zeugen des Niedergangs seines Vaters wird.

Ich habe mit Zuleicas Eltern gesprochen.
Wir haben vereinbart, dass sie mich nach Holland begleiten darf, ein Vertrauensbeweis, der mich mit Stolz erfüllt.
Zu Vincent hat sie ein sehr liebevolles Verhältnis. Ich brauche sie an meiner Seite.

Johanna wirft einen letzten Blick auf das Haus in der Rue Pigalle. Obwohl die Reise ursprünglich nur ein paar Tage dauern sollte, ist sie sich jetzt doch sicher, dass es ein endgültiger Abschied ist. Am Bahnhof sagen André und die Baronin ihnen Lebewohl.

Durchs Waggonfenster sieht Johanna, wie ihr Bruder mit der einen Hand ein weißes Taschentuch schwenkt, während er mit der anderen seinen gewaltigen Schnurrbart zurechtzupft, der den Blick von seinen melancholisch-traurigen Augen ablenken soll.

Vor ihrem Bruder hält sie die Tränen zurück.

Sie sucht einen passenden Platz für die Koffer, überlässt ihrem Mann den Sitz am Fenster und hilft dem kleinen Vincent, in den Schlaf zu finden. Anschließend zählt sie ihre Ersparnisse: eintausendachthundert Francs.

»Manche Leute können es sich leisten, diese Summe an einem einzigen Tag auszugeben, ich muss jedoch dafür sorgen, dass sie für immer reicht«, schreibt Johanna in ihr Tagebuch, während Paris in wildem Taumel hinter dem Fenster zurückbleibt – eine Abfolge rasch wechselnder Farbflecken und Strukturen, die sich ratternd zu den Seiten verlieren.

Im Zugfenster sehe ich mein Spiegelbild im Halbdunkel. Ich erkenne mich nicht wieder.
Die Ringe unter den Augen gehören zu meiner Mutter, die Erschöpfung um die Mundwinkel zu meinen Tanten, die silbergraue Haarpracht zu meiner Großmutter – mich selbst, mein eigenes Bild von mir selbst, sehe ich nicht.

Frühmorgens treffen sie bei Johannas Schwester Karah in Utrecht ein. Theo wird immer hinfälliger.

Karah stellt keinerlei Fragen. Stattdessen überlässt sie den Neuankömmlingen Julie, eine sehr umsichtige und hilfsbereite junge Frau aus Loenen, die auch das Kind versorgen wird, wenn Zuleica einmal aussetzt.

Dass Johanna sich vor allem um Theo kümmern muss, steht für Karah außer Frage.

Vincent hat das Aufrechtstehen entdeckt und macht sich ein Spiel daraus. Immer wieder fordert er die Schwerkraft heraus und klammert sich mit seinen Fingerchen an jeden erdenklichen Halt.
So steht er schwankend da, die Beine durchgestreckt und hart wie Holzpflöcke, bis er irgendwann in sich zusammenkippt.
Am schönsten ist es, zu sehen, wie er beim Umfallen lacht.

Johanna unternimmt ausgiebige Spaziergänge entlang der Utrechter Grachten, eine Gewohnheit, die sie in London und Paris aufgegeben hatte. Auf der Suche nach woher auch immer bekannten Gesichtern sieht sie den Leuten jetzt wieder in die Augen wie früher.

Die Stadt ist sauberer als vor sieben oder acht Jahren. Damals gab sie ihren Englischunterricht auf, um sich im British Museum von London in Shelleys Werke zu vertiefen.

Johanna geht am Singel-Kanal entlang, der von spätherbstlich braunen Bäumen und schlichten Reetdachhäusern gesäumt wird. Irgendwann kommt ihr ein Ausspruch ihres Vaters in den Sinn, den sie als Kind immer zu hören bekam, wenn es sonntags Wein zum Mittagessen gegeben hatte: »Gott hat die ganze Welt erschaffen, bloß Holland nicht, Holland haben wir Holländer erschaffen«, sagte er jedes Mal.

Johanna hat keine Zeit zu verlieren.

Am nächsten Tag durchquert sie ein unbekanntes Viertel im Süden. Wie fast überall befinden sich auch in Utrecht die Häuser zur Unterbringung von Waisenkindern oder Verrückten am Stadtrand.

Johanna steuert eine Ansammlung niedriger Ziegelgebäude an, das Maria-van-Pallaes-Hospiz. Gegenüber erhebt sich die Barockfassade der früheren Schule für Waisenkinder. In unmittelbarer Nähe, an der Ecke Lange Nieuwstraat und Agnietenstraat, entdeckt sie, wonach sie eigentlich auf der Suche ist: die Willem-Arntsz-Stiftung.

Bevor sie am Eingangstor klopft, geht ihr ein finsterer Gedanke durch den Kopf: Wenn man ihrem Mann hier nicht helfen kann, dann nirgendwo.

Am Nachmittag desselben Tages kommt sie erneut hierher, diesmal mit Theo. Doktor Handkesen ist offensichtlich die höchste Autorität im Haus. Er erlaubt sich den einen oder anderen Luxus: Sein Anzug etwa ist übertrieben blau und seine Krawatte zieht viel mehr Aufmerksamkeit auf sich als seine Sekretärin.

Immer wieder räuspert er sich und streicht sich nervös über den Henri-Quatre-Bart. Noch die einfachsten Bewegungen führt er mit unerhörter Hast aus. Trotzdem flößt er Vertrauen ein.

Doktor Handkesen bittet sie in sein Sprechzimmer und schließt die Tür, woraufhin er, als ob die restliche Welt nicht mehr existierte, seine Pfeife entzündet – die einen Geruch nach Schokolade im Raum verbreitet – und seine ganze Aufmerksamkeit auf Theo van Gogh richtet.

»Was gibt es denn?«, fragt er.

Theo blinzelt, als träte er, soeben aus einem stockfinsteren Raum kommend, ins Licht. Es sieht nicht so aus, als würde er antworten, doch dann sagt er auf einmal: »Jeder Tag meines Lebens ist noch schlimmer als der Tag davor.«

Johanna lässt die beiden allein.

5

Johanna kann es gut verbergen, aber innerlich kocht sie immer wieder vor Wut über ihren Mann.

Nachdem Theo mehrere Tage nahezu reglos und stumm im Bett gelegen hat, flüstert er Johanna auf einmal zu, sein Vater habe lieber auf dem Friedhof vor einer Trauergemeinde gepredigt als in der Kirche, denn auf dem Friedhof gebe es eine ganz andere Bereitschaft zuzuhören.

Sein Tonfall gleicht dabei dem seines Vaters. Als wolle er ihn ehrfürchtig, vielleicht aber auch voll plötzlichem Sarkasmus nachahmen.

»Wir sind nur auf der Durchreise«, salbadert er, als befände er sich, wie einst der Herr Pastor, vor den Freunden und Angehörigen eines jüngst Verstorbenen.

Johanna erschrickt bei seinen Worten. Mehr spricht Theo jedoch an drei langen Tagen nicht. Alle Bemühungen, ihn seinem Schweigen zu entreißen, bleiben vergeblich.

Am Abend erwacht er schließlich mager und abgezehrt aus einem Fiebertraum. Zunächst scheint ihn irgendetwas zu erregen, dann gähnt er klagend mit Grabesstimme.

Jeden Tag geschieht so viel.
Ich habe mein Tagebuch wieder aufgenommen. Im Rückblick kommt es mir vor, als wären all die Eintragungen allmählich hineingetröpfelt wie durch eine undichte Stelle im Dach – bis plötzlich das Unwetter losbricht.
Theo greift jetzt immer wieder zu den Briefen seines Bruders. Außerdem führt er sich – nicht nur sich selbst, sondern auch dem Kleinen und mir gegenüber – noch heftiger auf als sonst. Es schmerzt mich unendlich.

Johanna mag keine aufwendig verpackten Geschenke, nur damit sie mehr hermachen, und sie hasst Zärtlichkeiten, die nicht ehrlich gemeint sind. Nicht weniger abstoßend findet sie die süßlich-pathetische Art und Weise, in der manche Journalisten die Wirklichkeit in Literatur verwandeln. Daran muss sie denken, als sie auf der Titelseite der Tageszeitung *De Volkskrant* die Schlagzeile »Der Gast vom Ganges« entdeckt.

Diesen lächerlichen Namen haben sich verschiedene Zeitungsschreiber für die entsetzliche Cholera-Epidemie ausgedacht, die seit einiger Zeit wütet, obwohl man die Krankheit gerade erst in den Griff bekommen zu haben glaubte. Die Seuche kennt kein Erbarmen. Warum steht das nicht so da?, fragt sich Johanna.

Kein Zufall scheint es ihr außerdem zu sein, dass unmittelbar neben der Meldung über die sich unaufhaltsam ausbreitende Cholera von einer Streikwelle berichtet wird, die über Europa hinweggehe, als handelte es sich um eine weitere göttliche Geißel.

Johanna kehrt ins Haus ihrer Schwester zurück und liest zum Ausgleich die letzte Ausgabe des *Mercure de*

France, die sie aus Paris mitgebracht hat. Sie findet darin drei neue Aphorismen von Jules Renard. Um sie nicht zu vergessen, notiert sie sie in ihr Tagebuch. Niemand versteht es besser als Renard, sich über alles lustig zu machen – angefangen bei sich selbst.

Eine Wahrheit, die mehr als fünf Zeilen umfasst, nennt man Roman.
Die persönliche Hygiene gebietet es, dass man seine Meinung so regelmäßig wechselt wie das Hemd.
Eitelkeit kennt kein Alter: Stets glauben wir, ein Kompliment so noch nie gehört zu haben.

Körpertemperatur. Puls. Kopfschmerzen. Fieberglänzende Augen. Jeglicher körperliche Vorgang bei einem Kranken beeinflusst die Stimmung derjenigen, die ihn umgeben und auf jede seiner Regungen achten. Bei der geringsten Besserung bricht Freude aus, bei der kleinsten Verschlechterung macht sich tiefe Sorge breit.

Theo ist ganz und gar besessen vom Selbstmord seines Bruders.
Alles Übrige spielt für ihn keine Rolle, unser Sohn und ich tauchen in seiner Wahrnehmung nicht auf.
Das Einzige, was ihn zu interessieren scheint, ist ein Ding der Unmöglichkeit: seinen Bruder wieder zum Leben zu erwecken.
Zum Glück steht mir meine Familie treu zur Seite. Von Karah überrascht mich das nicht, aber von der schweigenden Unterstützung durch Kurt, ihren Mann, habe ich bis jetzt nichts geahnt.

Zum ersten Mal seit Monaten tritt Theos Krankheit an diesem Morgen für Johanna in den Hintergrund. In Utrecht, wie in ganz Holland, scheint das Leben stillzustehen: Der König ist tot.

Nach langer Krankheit – bald drei Jahre hat sie sich hingezogen – und einem schier unendlichen Todeskampf hat sich die Nachricht vom Tod Wilhelms III. an diesem Morgen endlich wie ein Lauffeuer auf den Märkten und Plätzen des Landes verbreitet. Am späten Nachmittag folgt auch die offizielle Bestätigung.

Johanna möchte selbst und unmittelbar spüren, wie die Stadt darauf reagiert, und macht sich auf den Weg bis weit hinaus in die Außenbezirke.

Gerade die einfachen Leute mochten diesen König, obwohl Wilhelm III. sicherlich für immer als einer der verkommensten Herrscher seiner Zeit betrachtet werden wird: ein oberflächlicher Frauenheld, der außerstande war, die Zeichen der Zeit zu verstehen. Dafür drohte er stets damit, sein Amt niederzulegen, weil er es müde sei, sich mit dem Pöbel herumzuschlagen.

Bei Karah zu Hause bedauert niemand diesen Tod. In Johannas Kreisen stellt sich jetzt vielmehr eine ganz andere Frage: Wie hält man es aus, wenn man niemanden mehr hat, auf den man seinen Hass richten kann?

Die Zeitungsnachrufe schlagen eben den Ton an, den Johanna so verachtet. Fast nirgendwo erinnert man sich seiner ersten Ehefrau Sophie von Württembergs, die zugleich seine Cousine war und so viel durch ihn zu leiden hatte.

Wilhelm III. war unfähig, auch nur sein eigenes Haus zu bestellen – wie hätte man da von ihm erwarten sollen, er könne ein ganzes Reich regieren? Das sagen die holländischen Zeitungen freilich nicht.

Als Witwer bemühte er sich um die Hand von Prinzessin Pauline zu Waldeck und Pyrmont, die ihn jedoch zurückwies und dem König dafür ihre jüngere Schwester Emma überließ.

Emma ist es zu verdanken, dass sich die Dinge in Holland in den letzten fünfzehn Jahren zum Besseren entwickelt haben.

Der vierzig Jahre jüngeren Königin gelang es, dem nun also verstorbenen König viele seiner eitlen Unarten auszutreiben. Sie zähmte ihn, machte ihn zum besseren Menschen.

Wie es jetzt weitergeht, weiß ich nicht. Wahrscheinlich wird Emma als Regentin die Zügel in der Hand behalten, hat mein Vater gestern gesagt, wenigstens bis Wilhelmina alt genug ist, um den Thron zu besteigen.
Die Kleine mit ihren zehn Jahren begriff bei der Beerdigung ihres Vaters kaum, was vor sich ging – viel stärker interessierte sie sich für ihr Spielzeug, eine sprechende Puppe, die neueste Erfindung von Mister Edison.
»Guten Morgen, Mami, hast du gut geschlafen? Hast du dein Töchterchen lieb?«, plappert diese Porzellanpuppe mit rosa Bäckchen in einem fort auf Englisch vor sich hin. In Paris ist sie der letzte Schrei.
Während im Regierungspalast mit allem Pomp die Totenwache für den Vater der Kleinen begangen wurde, soll den ganzen Tag aus ihrem Zimmer zu hören gewesen sein: »Guten Morgen, Mami, hast du gut geschlafen? Hast du dein Töchterchen lieb?«

Ein Unwetter ist in Holland nicht einfach nur ein Unwetter, es wird von düsteren Vorahnungen begleitet. Untergründig kündigt sich darin ein Urteil an, und maßlose Unruhe macht sich breit.

In diesem Augenblick kommt der Wind von Westen, und das Wasser scheint etwas mitteilen zu wollen. Die Bewohner der Niederlande müssen sich von klein auf Ergebenheit gegenüber dem Meer aneignen, aber auch den Mut, sich einem übermächtigen Gegner entgegenzustellen.

»Wer nicht imstande ist, das Meer aufzuhalten, hat das Land nicht verdient«, ist ein weiterer Spruch, den Johanna früher immer wieder von ihrem Vater zu hören bekam.

Wir wissen, dass man zwar viele kleine Schlachten gegen das Wasser gewinnen kann, und dennoch ist es jederzeit in der Lage, seine eigentliche Gestalt wieder anzunehmen.
Trotz all der Deiche, Kanäle, Brücken und Polder.
Gedanken wie diese bringen mich dazu, mein einsames Geschäft fortzuführen, das darin besteht, Wörter aneinanderzureihen, die niemand außer mir lesen wird, während alle anderen im Haus schlafen.
Es war eine sehr gute Entscheidung, nach Utrecht zurückzukehren.
Papa, der meine Reisen nach London oder Paris nie gebilligt hat, wirkt jetzt gerührt von meinem Sohn, aber auch verärgert über die Krankheit meines Mannes.
»Theo mit seiner verrückten Krankheit«, wie er sagt. Was ihn jedoch nicht davon abhält, mich finanziell zu unterstützen. Mehr verlange ich, ehrlich gesagt, auch gar nicht von ihm.

Die Lage wird immer komplizierter. Während Theo in Utrecht um sein Leben kämpft, versucht Émile Bernard, Vincent van Goghs bester Freund, in Paris dessen letzte Werke auszustellen. Albert Aurier unterstützt ihn bei diesem Vorhaben, sonst so gut wie niemand.

Gauguin hat noch nie ein offenes Wort gescheut, und so hat er Bernard in seiner unverblümten Art wissen lassen, es bestehe vorerst keine Notwendigkeit, eine Ausstellung mit Bildern Vincent van Goghs zu organisieren. Zumindest zu diesem Zeitpunkt noch nicht.

Bernard hatte sich in einem Restaurant in der Rue Delambre mit ihm zum Abendessen getroffen, und Gauguin hatte bei der Gelegenheit lautstark verkündet, er liebe van Goghs Bilder, um leise fortzufahren – wobei er Bernard drohend in die Augen sah –, so dumm wie die Leute nun mal seien, sei es unklug, schon so kurz nach van Goghs Tod eine Gedächtnisausstellung zu veranstalten: »Mit Theo steht es auch nicht zum Besten – eine Ausstellung zum jetzigen Zeitpunkt würde Leuten, die Maler wie uns als bloße Spinner betrachten, nur Auftrieb geben«, lautete Gauguins Begründung.

Émile Bernard berichtet Theo und Johanna in einem Brief von dieser Begegnung.

Theo wird den Brief nie lesen, und Johanna wundert sich kaum: Von Gauguin erwartet sie schon seit Langem nichts mehr. Im letzten Jahr war sie ihm in Paris über den Weg gelaufen. Er suchte jemanden zum Billardspielen. Er hatte eines seiner weibischen Hemden an und kam wie immer breitbeinig und großspurig daher. Seine gold- und indigofarben bemalten Holzschuhe klapperten laut auf dem Straßenpflaster.

Unerträglich. In Montmartre wusste jeder, dass diese Schuhe Émile Schuffenecker gehörten.
Aber nicht nur das. Jedem in Montmartre war außerdem bekannt, dass Gauguin zuerst einen Winkel von dessen Werkstatt in Beschlag genommen hatte, um dann innerhalb kürzester Zeit auch den Rest sowie das ganze dazugehörige Haus zu seinem Besitz zu erklären. Ja nicht einmal vor Schuffeneckers Frau machte er halt und lieh sie sich aus, so oft ihm der Sinn danach stand.
Gauguin hat es schon immer verstanden, sich rücksichtslos in den Vordergrund zu drängen.
Erst neulich fiel ihm zusammen mit Jules Renard die Aufgabe zu, bei einem Duell zwischen Julien Leclercq und Roland Darzens die Sekundantenrolle zu übernehmen. Als die Sache sich für Gauguins Geschmack allzu sehr in die Länge zog, rief er irgendwann aufgebracht: »Dann fechten wir *die Sache jetzt eben aus!«*

Theo hat auf einen Schlag und womöglich für immer die Kontrolle über einen Großteil seines Körpers verloren. Als wäre die Hirnregion, die für die Entscheidung zuständig ist, einen Arm zu bewegen, ein Auge zu öffnen oder ein Bein auszustrecken, durch einen unerwarteten Hieb schwer geschädigt worden.

Sein Leben besteht jetzt bloß noch aus winzigen Regungen. Mit dem Zeigefingernagel der rechten Hand fährt er unter dem Daumennagel seiner Linken entlang – das ist für ihn an diesem Morgen die einzige Möglichkeit, den in ihm brodelnden Ärger zum Ausdruck zu bringen. Dazu schließt er die Augen, wie jemand, der sich von dort wegwünscht, wo er sich gerade befindet. Es ist, als klammerte er sich mit letzter Kraft an ein winziges Sims, um nicht in den Abgrund zu stürzen.

Johanna teilt man anschließend mit, dass er bis auf Weiteres in der Anstalt bleiben muss.

So und nicht anders steht es. Eine Weile habe ich neben Theo geschlafen, in seinem Zimmer in dieser Anstalt für Geisteskranke.
Wenn ich in der letzten Zeit etwas gelernt habe, dann stets nur auf mehr oder weniger rohe, unvermittelte Art und Weise.
Gestern ist mir klar geworden, dass Theo, nahezu bewegungsunfähig, wie er inzwischen ist, nicht die ganze Nacht in derselben Position daliegen darf: Am Morgen wies sein Körper mehrere schmerzhafte Druckstellen auf, deren Anblick an blasse Blüten erinnerte.

Theo bleibt jetzt nur noch seine wütende Zunge, der Rest seines Körpers versinkt in Umnachtung. Dass er, wenn es so weitergeht, diesen Winter nicht überstehen wird, daran mag Johanna nicht denken.

Seine Offenheit hat etwas Wildes – er sagt alles glatt heraus, wie er es gerade denkt.

»Morgen kommt deine Mutter zu Besuch«, erzählt Johanna.

»Große Sache«, sagt Theo und schließt die Augen.

Anna Cornelia Carbentus verbringt mehrere Stunden am Bett ihres Sohns. Johanna hat kaum Gelegenheit, mit ihr zu sprechen – seit Vincents Tod und Theos schwerer Erkrankung lassen die quälenden Erinnerungen der Siebzigjährigen offensichtlich nicht einen Augenblick Ruhe.

Doch all diese aufwühlenden Erlebnisse halten Johanna nicht davon ab, eine Utrechter Tradition aufzugreifen, nach der sie sich in der Ferne stets gesehnt hatte. Ein etwas verstaubtes Ritual, das ihr aber immerhin das Gefühl einer gewissen Zugehörigkeit vermittelt.

So hat sie sich heute, am 5. Dezember 1890, die unschuldige Freude nicht nehmen lassen, den armen Kindern – von denen es in Utrecht wie in ganz Holland mittlerweile immer mehr gibt – ein paar Münzen in die Schuhe zu stecken.

Der Nikolausabend verschafft ihr eine mehrstündige Erholungspause in ihrer nagenden Sorge um Theo.

Aus Paris kündigt sich ihr Bruder André an. Angeblich, um zu Hause das neue Jahr und den ersten Geburtstag seines Neffen zu feiern. Johanna ist jedoch klar, dass er vor allem kommt, um nach seinem Freund zu sehen.

Doch Theo weigert sich, ihn zu empfangen.

Schließlich lässt er ihn doch an sein Bett, sagt aber schon nach wenigen Minuten, er solle wieder gehen. André führt Johanna anschließend zum Abendessen aus.

André und ich sind immer ganz offen zueinander gewesen. André meint, es sei an der Zeit, sich den Tatsachen zu stellen: Die engen Familienbande der van Goghs, vor allem aber die zwischen Theo und seinem Malerbruder, waren schon seit Jahren alles andere als gesund.
Es lag etwas Seltsames darin. Das wissen wir. André sagt, das Ganze rühre von viel früher her, und ruft mir verschiedene Dinge ins Gedächtnis.

Vincent van Goghs erste große Seelenkrise trat am Abend des 24. Dezember 1888 ein, als Theo und Johanna ihre Verlobung feierten.

Diese kritischen Zustände wiederholten sich präzise wie ein Uhrwerk bei jedem weiteren wichtigen Lebensschritt seines Bruders; so auch nach der Ankündigung von Johannas Schwangerschaft und ebenfalls nach der Geburt des Kindes.

Der Maler feierte die Erfolge seines Bruders, fürchtete jedoch gleichzeitig, ihretwegen von ihm im Stich gelassen zu werden – ohne die monatlichen hundertfünfzig Francs für Brot, Bier, Absinth, Pinsel und Farben.

André verrät, dass er – als die Brüder van Gogh in Paris noch zusammen wohnten – immer wieder als Vermittler zwischen ihnen eingreifen musste, obwohl das für Außenstehende schier unmöglich war.
Jetzt scheint ihm die Lage noch verzwickter zu sein. Und auch er weiß nicht, wie das alles wohl enden mag. »Pass gut auf dich auf«, sagt er beim Abschied. Dann umarmt er mich fest und geht fort.

Ein sehr kalter Morgen. Theo erwacht aus einem Traum, schlagartig wird er mit dem Tag konfrontiert, als würde unversehens ein Schleier zur Seite gezogen.
Langsam und ganz eigenständig entsteigt er seinen Wassern und bittet mich, ihm den schmerzenden Rücken zu massieren. Als ich mich nach seinem Befinden erkundige, erwidert er, der Kopf tue ihm weh, dieser Kopf, in dem das Hirn an irgendeiner Stelle so schwach geworden ist, dass sich die Welt um ihn herum verdunkelt hat.

Heute gab es einen Grund zur Freude. Die gute Nachricht erfasste uns alle, die wir anwesend waren, und breitete sich im Krankenzimmer aus wie Glockenklang auf einer Wasseroberfläche: Theo hat eigenständig das linke Bein gehoben.

Was für ein Anblick, wie die Muskeln da auf einmal ihre Arbeit leisteten, sodass das Bein sich in der säuerlichen Krankenhausluft zaghaft von den Laken lösen und der Zimmerdecke entgegenstrecken konnte.

Dieser erlösende Augenblick sollte jedoch nicht lange anhalten. Eine kurze Unterbrechung nur inmitten einer unaufhaltsamen Abfolge scheiternder Versuche. Spätnachts scheint Theo Johanna etwas mitteilen zu wollen, sie kann ihn aber kaum verstehen. Sie bittet ihn, seine Worte noch einmal langsam zu wiederholen.

»Ein bisschen Geduld«, fleht Theo völlig erschöpft.

Johanna spürt, dass sie ihn so nicht allein lassen kann. Vorläufig nicht. Sie unterdrückt ihre Tränen. Sie möchte ihn küssen wie am ersten Tag, doch ihre Lippen nehmen einen schwindelerregenden Geschmack nach Abschied wahr.

Tag für Tag geht es Theo schlechter. Als die Lähmung irgendwann auch seine Lungen zu erfassen scheint, ahnt Johanna das nahende Ende.

An diesem Morgen begreift sie tieftraurig, aber ohne Hysterie, dass ihr Mann inzwischen eine Grenze überschritten hat und dass sie das, was er – hier in diesem Zimmer, aber weit von ihr entfernt – wahrnimmt, nicht mehr mit ihm teilen kann.

Ich schreibe im Dunkeln. An Theos Sterbebett zu schreiben, der um sein Leben kämpft, ist, als würde ich aus der vordersten Reihe der Schlacht berichten. Manchmal scheint er sich in dieser, dann wieder in der anderen Welt aufzuhalten.

Hören kann er aber noch sehr gut, es ist, als gelänge es ihm, auf diese Weise anwesend zu bleiben, obwohl er sich im Halbschlaf befindet und über keine Worte mehr verfügt. Lange Zeit heftet er den Blick an die Decke, schaut, ohne zu sehen.

Das Fieber lässt sein Gesicht inzwischen um Jahre älter aussehen, und die Atemluft scheint ihm knapp zu werden.

Gestern beim Gehen bekümmerte es mich, nicht seine Hand halten zu können, wenn er sich, falls es denn so weit käme – der Gedanke war schrecklich –, in den allerletzten Sturm begab.

Ich begleite Theo beim Sterben.

Aber niemand kann von mir erwarten, dass ich Freude dabei empfinde, einen Mann zu füttern, der mich noch vor kaum einem Jahr vor dem Spiegel emporhob und bis ans Ende der dunkelsten Nacht trug.

Ich tue, was ich tun muss, als dankbar ergebene Ehefrau. Mehr kann man nicht von mir verlangen.

6

Es ist der erste Tag des Jahres 1891. Im allgemeinen Trubel der Neujahrsfeierlichkeiten, vor allem aber wegen der Krankheit seines Vaters, ist der erste Geburtstag des kleinen Vincent fast untergegangen.

»Nächstes Jahr wird das anders«, verspricht Johanna in ihrem Tagebuch.

Theo geht es immer schlechter. Nicht nur, dass er sich kaum noch bewegen kann. Er hat auch Blut im Urin, ist magerer denn je, wird unaufhörlich von Schwindel und Übelkeit heimgesucht und leidet unter heftigen Kopfschmerzen. Darüber hinaus juckt es ihn am ganzen Körper, eine Folge seiner unvollständig verheilten Geschlechtskrankheit, ein Geheimnis, das ihm viele Beschwerden und peinliche Momente bereitet.

Die ärztliche Diagnose lautet mittlerweile: halbseitige Lähmung infolge chronischer Nierenentzündung. Die Ärzte scheint es zu beruhigen, endlich eine genaue Erklärung für Theos Zustand gefunden zu haben.

Weiterhin quält ihn ein unangenehmer Husten, sich von alleine bewegen kann er immer noch nicht, und auch die grenzenlose Erschöpfung hält an.

Gestern habe ich ihn, so wie er im Bett lag, einfach umarmt. Dabei hat endlich einmal all die Anspannung nachgelassen, die ihm seit dem Unglück in den Schultern und im Rücken sitzt.
Er ist friedlich eingeschlafen. Und ich habe ihn daraufhin noch lange an der Nasenwurzel massiert.

Johanna hat den Eindruck, dass Theo dabei ist, sich zu verabschieden. An diesem Morgen hat er gesagt, für seinen Bruder habe sterben geheißen, sich auf die Reise zu einem Stern zu machen.

»So wie wir den Zug nach Tarascon oder Rouen nehmen, nehmen wir den Tod, um zu den Sternen zu gelangen. Wahr ist allein, dass wir uns ebenso wenig *im Leben* auf einen Stern begeben können, als wir gestorben den Zug besteigen können«, hat Theo gesagt und gelächelt.

In dem Augenblick hat Johanna geglaubt, hier, in diesem Zimmer in der Willem-Arntsz-Stiftung, nicht die Stimme ihres Mannes zu vernehmen, sondern die ihres Schwagers.

So wie das Leben ist auch Johannas Tagebuch inzwischen im Verschwinden begriffen.

Zwar schreibt sie jetzt mit der schönen Feder von Theo, die leichter über das beklemmende Gefühl der Entfernung und die Trauer hinweggleitet, doch ihre Schrift mutet ernster an. Und sobald sie ein Blatt vollgeschrieben hat, wirft sie es in den Kamin.

Theo stirbt schließlich nach langem Todeskampf am frühen Morgen des 25. Januar 1891, sechs Monate nach dem Selbstmord seines Bruders.

Die letzten Tage, der Eintritt in die Schlussphase der

Krise, sein Versuch, in einem Anfall von Wahn Frau und Sohn ins Wasser zu stoßen, bevor er endgültig ans Bett gefesselt blieb – all das ist jetzt vorbei.

Darüber zu schreiben war für Johanna wie eine Beschwörung, wie ein Versuch, diese Augenblicke loszuwerden, sich von ihnen frei zu machen. Johanna hinterlässt davon jedoch keine Spuren. Alles, was sie in diesem Zustand aufschreibt, übergibt sie dem Feuer.

Die Beileidsbekundungen auf dem Friedhof, der Weg im eisigen Regen zwischen fremden Gräbern hindurch, der staunende, aber auch distanzierte Blick des kleinen Vincent in ihren Armen – an nichts wird Johanna van Gogh-Bonger sich in den nächsten Jahren noch so deutlich erinnern wie an das Geräusch der ersten Schaufel voll Erde, die auf Theos Sarg prasselte.

Und an die Rückkehr vom Friedhof ohne ihren Mann. Das Gefühl, im Regen dem Feuer zu entsteigen.

»Sag, wenn dir etwas wehtut«, hatte Johanna Theo kurz vor dem Ende noch an seinem Bett angefleht.

»Und was habe ich davon?«, hatte Theo erwidert.

Das war, könnte man sagen, das letzte Zwiegespräch der beiden. Johanna wird es ihr ganzes Leben lang nicht vergessen.

Ein sehr kalter, aber sonniger Morgen in Utrecht. Johanna bereitet die Rückkehr nach Amsterdam ins Haus ihrer Eltern vor.

In ihre Tränen über Theos Tod mischt sich versteckte Wut. Dass ihr Sohn, kaum dass er sein erstes Lebensjahr vollendet hat, ohne Vater dasteht, ist nicht so einfach zu verdauen. Deshalb kann Johanna sich auch nicht ganz der Trauer über ihren Mann hingeben, abgesehen davon, dass sie sich nun zu einem Umzug gezwungen sieht.

Einfach ist es nicht, zu ihren Eltern zurückzukehren, frisch verwitwet und mit einem so kleinen Kind. Sie selbst ist noch keine dreißig Jahre alt.

Trotzdem hält sie in ihrem Tagebuch von nun an wieder alle Augenblicke fest, die ihr einen Eintrag wert zu sein scheinen. Beim Schreiben kommen ihr immer neue Ideen. Sie schreibt, um besser denken zu können.

Vincent spielt. Er heftet den Blick auf eine türkisfarbene Rassel aus Zedernholz, die an seiner Wiege befestigt ist. Ihr Schaukeln übt eine hypnotisierende Wirkung auf ihn aus. Nicht nur seine Augen wandern hin und her, der ganze Kopf folgt vielmehr der Bewegung. Und das weckt in mir eine Erinnerung: Genauso blickte auch sein Onkel van Gogh.
Es war im Haupthof des Hauses von Doktor Gachet. Auf einmal war das Krächzen eines Vogels zu hören, der gen Süden flog. Anders als wir drehte van Gogh nicht den Kopf in die Richtung, aus der das Geräusch kam, er vollzog vielmehr eine vollständige Kehrtwendung, um die Flugbahn des Vogels in ihrer ganzen Ausdehnung mit eigenen Augen am Himmel mitzuverfolgen.
Van Gogh betrachtete die Welt so durchdringend und neugierig wie ein Kind.

Die erste Nacht im Haus ihrer Eltern verbringt Johanna schlaflos. In ihrem Zimmer zündet sie drei große gelbe Kerzen an und holt den feinen argentinischen Lederkoffer hervor, eines der wenigen Dinge, die sie bei all den Umzügen stets mitgenommen hat. In dem Koffer befinden sich inzwischen die Briefe van Goghs an Johannas verstorbenen Mann.

Es sind mehr als sechshundert. Theo hat sie in chronologische Reihenfolge gebracht und mit roten oder hellblauen Bändern nach Jahrgängen zusammengefasst. Johanna zieht mit geschlossenen Augen auf gut Glück einen Brief aus einem der Bündel:

»Arles, 1888

Denn anstatt genau wiederzugeben, was ich vor mir habe, bediene ich mich willkürlich der Farbe, um mich stark auszudrücken.

Nun, lassen wir alle Theorien beiseite. Ich will Dir ein Beispiel geben von dem, was ich sagen will.

Ich will das Bild eines Freundes, eines Künstlers, machen, der große Träume träumt, der arbeitet, wie die Nachtigall singt, weil das eben seine Natur ist. Dieser Mann wird blond sein. Ich möchte meine ganze Bewunderung in das Bild malen, alle Liebe, die ich zu ihm habe.

Ich werde ihn also zunächst einmal malen, wie er ist, so getreu ich nur kann.

Aber damit ist das Gemälde nicht fertig. Um es zu vollenden, werde ich jetzt willkürlicher Kolorist.

Ich übertreibe das Blond der Haare. Ich komme zu Orangetönen, zum Chrom, zur hellen Zitronenfarbe.

Hinter dem Kopf male ich anstelle der gewöhnlichen Zimmerwand das Unendliche. Ich mache einen Grund von reichstem Blau, das kräftigste, das ich herausbringe. Und so bekommt der blonde, leuchtende Kopf auf dem Hintergrund von reichem Blau eine mystische Wirkung wie der Stern im tiefen Azur.«

Johanna hält den Brief noch lange in der Hand und versucht, das Gelesene zu verarbeiten. Schließlich liest sie ihn erneut. Was dort steht, in einer gehetzten, nervösen Schrift, ist ein künstlerisches Manifest zur Farbe, eine Art Ars poetica. Plötzlich muss Johanna an all die Bilder in der Rue Pigalle denken, und sie verspürt Sehnsucht danach.

Mitternacht.
Keins den Tiefen dieser Zeit der Trauer entstammenden Worte kann Aufnahme in dieses Tagebuch finden. Ein Tagebuch, das mir dennoch helfen soll, nicht zu vergessen.
Ich schließe mich in mein ehemaliges Mädchenzimmer ein, und meine Eltern bemühen sich, so zu tun, als wäre nichts. Zum Glück werden sie durch Vincents erste Gehversuche abgelenkt.
Fast zwei Wochen lang habe ich Theos Tod beweint.
Jetzt ist es gut, habe ich heute Morgen zu mir gesagt.
Ich muss an meinen Sohn denken.

Wegen eines Poststreiks treffen manche Briefe völlig zur Unzeit ein. So erkundigt Émile Bernard, van Goghs bester Freund, sich in einem verspäteten Schreiben bei Johanna nach Theos Gesundheitszustand. Wie er berichtet, ist er weiterhin damit beschäftigt, in Paris eine Ausstellung mit den Bildern van Goghs vorzubereiten, die im Haus von Monsieur Tanguy gelagert sind. Außerdem teilt er mit, dass, neben Gauguins Elogen, auch in manch anderen Pariser Kreisen durchaus von dem verstorbenen Maler die Rede ist.

Und das stimmt: Émile Bernard hat gerade erst an einem Abendessen mit Jules Renard und der gesamten

Redaktion des *Mercure* teilgenommen. Wie nicht anders zu erwarten, wurden zum Nachtisch über den letzten Gläsern Wein große Reden geschwungen. Renard verachtet oder beneidet Aurier offensichtlich ein wenig, weil dieser weiterhin der entschiedenste – und zugleich unbeholfenste – Fürsprecher van Goghs in Paris ist. Man stritt über ästhetische Gesichtspunkte.

»Ich könnte Ihnen dies alles haarklein auseinandersetzen, aber dafür fehlt mir die Zeit«, sagte Renard, der schon ein paar Glas zu viel intus hatte, dem bereits vor Wut kochenden Aurier irgendwann ins Gesicht.

Trotzdem, und das ist in der Tat bemerkenswert, äußerte Renard sich durchaus schmeichelhaft über Auriers Text zu van Goghs Werk. Und als schließlich spät am Abend alle schon ein wenig jenseits von Gut und Böse waren, erörterte man die Frage, ob die Selbsttötung des Malers als mutig oder feige anzusehen sei.

»Wie viele wollten sich nicht schon umbringen, und zuletzt haben sie es dabei bewenden lassen, ihre Fotos zu zerreißen«, beendete Renard die Diskussion.

Da fällt mir ein, dass es gar keine Fotos von van Gogh gibt.
Bis auf eins, das er mal, soweit ich mich erinnere, zusammen mit Émile Bernard in Asnières von sich hat machen lassen.
In der Rue Pigalle habe ich dieses Foto einmal zu sehen bekommen.
Die beiden stehen auf der Promenade am Flussufer, im Hintergrund sieht man das Restaurant Chez Tatave.
Van Gogh wendet der Kamera den Rücken zu.

Johanna weiß genau, dass, solange sie an der Seite Theos lebte, die Briefe seines Bruders – mehr noch als dessen Bilder – sein eifersüchtig gehütetes Geheimnis waren.

Genau genommen sind es sechshunderteinundfünfzig, geordnet nach dem jeweiligen Wohnort Vincent van Goghs. Beginnend mit einem Brief aus London aus dem Jahr 1873 bis zu dem, der am Todestag des Malers zwischen dessen Kleidern steckte.

Sie sind bald auf Niederländisch, bald auf Französisch, bald auf Englisch verfasst – und zeigen so einmal mehr die große Sprachgewandtheit der Brüder –, stets in der hastigen Schrift eines Menschen, dessen Gedanken seinen Fingern davonzueilen drohen.

Die auf Englisch geschriebenen Passagen sollten womöglich vor den neugierigen Augen anderer Familienangehöriger verborgen sein. Vielleicht diente das Hin-und-her-Wechseln zwischen den Sprachen aber auch einem anderen Zweck, nämlich Dinge zu erläutern, die in der Muttersprache unklar geblieben wären.
In jedem Fall sollte man nicht allzu viel auf Ahnungen und Mutmaßungen geben, wenn man es mit einem van Gogh zu tun hat.
Theo hat mich die Briefe nie sehen lassen, aber jetzt habe ich angefangen, sie zu lesen.
In jedem taucht irgendwann wie beiläufig die Bitte um Geld auf, eingebettet in eine elegante und überbordende Prosa, ganz im Stil seiner Malerei.

Die Lektüre verwandelt sich für Johanna zunehmend in ein Spiel der Spiegelungen – weniger als der Absender interessiert sie der Adressat. Wenn man so will, ist sie auf der Suche nach dem, der diese Briefe einst gelesen hat, ihr Verfasser tritt darüber in den Hintergrund.

Nicht van Gogh gilt ihre Suche, sie möchte begreifen, wer ihr Mann gewesen ist.

Was für ein harter Winter.
Am Nachmittag sind die Kinder auf den zugefrorenen Kanälen Schlittschuh gelaufen.
Dazu war ich nie imstande.
Alles, was rutschig ist, ist mir zuwider. Ich mag es nicht, Eis oder Schnee unter den Füßen zu haben, erst recht nicht, wenn ich Angst haben muss, im nächsten Augenblick hinzufallen.
Höchste Zeit, das Haus meiner Eltern wieder zu verlassen.
Spätestens in drei Monaten muss ich eine neue Bleibe gefunden haben.

In der sonst so stillen Küche stimmt Johannas Mutter Melodien aus Bachs Brandenburgischen Konzerten an, sie ist selig, weil sie schon bald all ihre Kinder rund um ihren Tisch wird versammeln können.

Eine Geschäftsreise führt André kurzfristig nach Amsterdam, und zum gleichen Zeitpunkt wird auch Karah aus Utrecht im Elternhaus eintreffen.

Josina Gezina Bonger bereitet also ein Abendessen für die ganze Familie vor und hat im Wohnzimmer bereits Leuchter mit gelben Kerzen aufgestellt. Johanna wird ihren Geschwistern bei dieser Gelegenheit zum ersten Mal als frisch verwitwete junge Frau gegenübertreten.

Zum Glück verläuft der Abend aufs Angenehmste: Niemand lässt Johanna und ihrem kleinen Sohn eine wie auch immer geartete Sonderbehandlung angedeihen, keiner gibt sich bemüht taktvoll, Johanna würde sich dabei ohnehin nur unwohl fühlen. Diese so feinfühlige Rücksichtnahme – Johanna ist das durchaus bewusst – ist nur ein Beweis für die große Zuneigung ihrer Geschwister.

Zum Nachtisch – Zitronenkuchen mit einem Schuss Pfefferminzlikör – liefert Jan, der ältere der beiden Bonger-Söhne, den unvermeidlichen politischen Beitrag.

Er verkündet, in Spanien, genauer in Katalonien, komme es zu gewalttätigen Streiks, während in London die Polizisten, Postangestellten, Droschkenkutscher und Feuerwehrleute mit der Forderung nach Lohnerhöhungen auf die Straße gegangen seien. In Belgien wiederum hätten mehr als zwanzigtausend Menschen die Arbeit niedergelegt.

Hendrik Bonger räuspert sich – er mag keine Politik am Familientisch.

»Manche Dinge lassen sich einfach nicht aufhalten«, sagt Johanna resolut und stellt damit klar, wie sie die Sache sieht.

André entgeht die Verstimmung des Vaters nicht, weshalb er das Thema wechselt und berichtet, im spanischen Badeort Marbella würden die Frauen inzwischen statt Wollstrümpfen feine seidene Beinkleider zur Schau stellen. Diese seien zudem durchsichtig.

»Ja, und luftiger und bequemer«, ergänzt Johanna.

»Frauen, die derlei tragen, sollten ihre Röcke aber nicht allzu sehr lüpfen – was würde dabei nicht alles zum Vorschein kommen ...«, sagt die Herrin des Hauses schelmisch.

Doch nicht einmal ihr gelingt es, den säuerlichen

Gatten aufzuheitern. Für ihn führt so viel weiblicher Vorwitz eine anständige Hausfrau nur in die gefährliche Nähe einer gewöhnlichen Prostituierten.

Beim abschließenden Kaffee bringt Johanna ein anderes Thema aufs Tapet: Sie erinnert daran, dass sich der Sonntag zunehmend als arbeitsfreier Tag einbürgert, wie es innerhalb des europäischen Bürgertums auch immer beliebter werde, einmal im Jahr eine Urlaubsreise zu unternehmen. So bereitet sie das Terrain für eine Idee vor, die in der letzten Woche stillschweigend in ihr herangereift ist.

Später erzählt Johanna ihrem Bruder in ihrem ehemaligen Mädchenzimmer, dass sie keineswegs vorhat, in Amsterdam zu bleiben, wie alle wohlmeinend annehmen.

Sie hat vielmehr erneut über etwas nachgedacht, was ihr bereits nach der Geburt des kleinen Vincent in Paris durch den Kopf gegangen war: der schöne Plan, in einem ruhigen Dorf irgendwo in der Umgebung von Amsterdam eine Pension zu eröffnen.

Gedacht hat sie an Bussum, den Ort ihrer Träume aus Kindertagen – mehrfach sind alle Geschwister Bonger damals dort gewesen.

Wie immer ermutigt André sie zu ihrem Vorhaben. »Wer schon einmal in London und Paris gelebt hat und noch dazu verheiratet war, kann nicht wieder ins Elternhaus zurück. Für das Kind wird es auch das Beste sein«, sagt er.

Immer wenn Johanna abends ein wenig Zeit für sich hat, verbringt sie den Großteil davon mit der Lektüre der Briefe an Theo, selbst wenn das ihre Aufnahmefähigkeit zuweilen übersteigt.

So schreibt van Gogh zum Beispiel einmal siebenundzwanzig Seiten an Theo über Jesu' Gleichnis vom Senfkorn, das so winzig klein ist und doch den größten Baum hervorbringt.

Zu Beginn der Lektüre muss Johanna jedes Mal einen gewissen Widerstand überwinden, sie stört sich am herablassenden Tonfall, den van Gogh seinem jüngeren Bruder gegenüber anschlägt. Immer wieder erteilt er ihm wie beiläufig Ratschläge und gibt Losungen aus. »Aus deinem Brief sah ich, dass du Herz hast für die Kunst, und das ist ein gutes Ding, mein Kerl. Ich bin froh, dass du was von Millet hältst. Finde schön, so viel du nur kannst«, schreibt er einmal.

Während Johanna zu später Nachtstunde diese Briefe liest, überkommt sie gelegentlich eine Art nachträglicher Wut auf Theo: »Warum nur hat er diese dünkelhaften Belehrungen durch den älteren Bruder hingenommen? Wieso hat er sich in solch quälende Untiefen hineinziehen lassen?«, fragt sie sich im Licht der Gaslampe angesichts der durcheinanderliegenden Korrespondenz auf dem Schreibtisch.

Nach drei, vier Stunden Schlaf ruft der erste Hahnenschrei sie ins Leben zurück. Johanna erwacht und nimmt die Brieflektüre wieder auf.

Mit einem wie van Gogh konnte sich niemand messen, sagt sie sich jetzt, und dennoch verdiente er nicht einmal genug Geld für das Bier und das Brot, die seine einzige Nahrung darstellten. Durch diese Diät hoffte er, sich den Selbstmord vom Leib zu halten – oder aber ihm näher zu kommen, jenem Selbstmord, den er womöglich, ohne es zu wissen, seit jeher geplant hatte.

1883, sieben Jahre bevor er sich in die Brust schoss, fasst er, wie Johanna entdeckt, in einem Brief aus Den Haag die eigene Zukunft in den Blick:

»Ich gehe also vorwärts als ein Unwissender, der dieses eine weiß: Innerhalb weniger Jahre muss ich eine gewisse Arbeit vollbringen.

Zu übereilen brauche ich mich nicht, denn darin ist kein Heil, vielmehr, ich muss einfach in aller Ruhe und Heiterkeit weiterarbeiten, so regelmäßig und konzentriert wie möglich, so kurz und bündig wie möglich.

Die Welt geht mich nur insoweit etwas an, als ich eine gewisse Schuld und Verpflichtung ihr gegenüber habe, aus Dankbarkeit – weil ich nämlich dreißig Jahre in der Welt herummarschiert bin – ein bestimmtes Andenken in der Form von Zeichnungen oder Gemälden zu hinterlassen, die ich nicht machte, um diesem oder jenem damit zu gefallen, sondern um ein aufrichtiges, menschliches Gefühl darin zum Ausdruck zu bringen.«

Vincent wird heute vierzehn Monate alt.
Während ich schreibe, beobachtet der Kleine etwas, nimmt es fest in den Blick und versucht mühsam, das Gesehene zu benennen.
Vincent denkt nach.
Er spricht.
Zwischen der Verzweiflung über den vorbeilaufenden Hund und dem Wort, das diesen benennen soll, blitzt für den Bruchteil einer Sekunde etwas im Gehirn meines Sohnes auf.
Er versucht, zur Sprache vorzustoßen.
Er lächelt.

*Wenn er schließlich tatsächlich den Namen für etwas ausspricht – wenn er Zug, Wasser, Mama sagt –, ist es, als setzte er einen Fuß auf das Benannte ...
Und wieder lächelt er.*

7

Die Briefe ihres Schwagers kommen Johanna fast wie ein Roman vor. Manchmal hat sie jedoch genug von van Goghs religiösem Eifer – wenn er, wie in seinen ersten Briefen aus Etten oder Brüssel, allzu stolz darauf verweist, dass ihm ein Schicksal in Armut beschieden sei, dann überspringt sie eine gewisse Zeitspanne und eilt den kalendarischen Ereignissen voraus.

Außerdem ist sie neugierig, sie möchte wissen, wie die Handlung weitergeht.

Sobald ihr seine fanatischen Bekenntnisse eines Predigers unter Bergleuten zu viel werden, dreht sie wiederum ein wenig am Rad der Zeit und nimmt sich Briefe aus einer näher liegenden Epoche vor.

Einmal greift sie sich einen Brief aus dem Jahr 1888 heraus:

»In manchen Augenblicken überkommt mich eine so schreckliche Hellseherei. Wenn die Natur so schön ist wie in diesen Tagen, dann fühle ich mich nicht mehr, und das Gemälde kommt mir wie im Traume.«

Johanna ist bewegt. Sie liest solche Stellen, als wären es Gedichte. Obwohl sie Scheu davor empfindet, Zeugin des Innenlebens eines Fremden zu werden, ist sie betroffen angesichts der Eindringlichkeit einer Sprache, die alles verbrennt, was ihr in die Quere kommt.

So gehetzt der Verfasser oftmals von einem Punkt zum nächsten zu springen scheint, findet er doch stets das treffende Wort.

Je länger ich diese Briefe lese, desto besser begreife ich, weshalb Theo so bezaubert von ihnen war. Van Gogh versteht sich meisterlich auf die Kunst des Briefeschreibens. Selbst wenn er bloß eine Zeile zu Papier bringt, hat er diese doch vorher sorgfältig zurechtgefeilt.
Er scheint von der Vorstellung beflügelt, der Empfänger könne seine Briefe wegen ihrer Schönheit an die Wand hängen. Van Gogh schreibt genau, wie er malt.

Hendrik Bonger, Johannas Vater, ist ein typischer Vertreter der neuen Zeit: Auch seine häusliche Autorität ist längst angekratzt, wirkt angestrengt und großtuerisch. Aufgesetzt.

Diverse Importgeschäfte mit Indonesien haben ihm gerade erst eine hübsche Summe Geld eingebracht. Dennoch lässt er keinerlei Neigung erkennen, seiner Tochter und seinem Enkel mit einer möglichen Anlage dieses Geldes irgendeinen Weg in die Zukunft ebnen zu wollen.

»Wo willst du denn hin, Johanna?«, hat er dafür gefragt, als seine Tochter ihm gestern beim Abendessen Sauerkraut aufgab.

Wenn es nach meinem Vater ginge, müsste ich für immer hier unter seinem Dach bleiben. Eben deshalb erzähle ich vorerst bloß meiner Mutter von Bussum, diesem so liebenswerten

Dorf, wo sich vieles von dem bewahrt hat, was es in Amsterdam schon seit zweihundert Jahren nicht mehr gibt.
Sie wird dieser Angelegenheit zu einem guten Ausgang verhelfen und tun, was sie kann, sobald die beiden am Abend allein in ihrem Schlafzimmer sind.

Nachdem Johanna den kleinen Vincent gestillt hat – das tut sie inzwischen nur mehr einmal am Tag, für Mutter und Sohn wird es allmählich Zeit, sich von diesem Ritual zu verabschieden –, bleibt sie noch eine Weile auf.

Nun, da die schwierigste Zeit der Trauer überwunden ist, verspürt sie zudem das dringende Bedürfnis, wieder zur Tat zu schreiten. Mindestens so sehr wie damals, als sie beschloss, an der Seite von Theo, mit dem es endgültig bergab ging, Paris zu verlassen.

Und das nicht nur, weil sie in Anwesenheit ihres Vaters einfach nicht zur Ruhe kommt. Es geht auch um etwas anderes.

Ich will mich von den Barrieren befreien, die sich hier unweigerlich zwischen mich und die mir am nächsten stehenden Menschen schieben.
Wenn ich jetzt nicht den ersten Schritt unternehme, wird es mir niemals gelingen.

Ohne große Erklärungen übergibt sie ihren Sohn am nächsten Sonntag für einige Stunden der Obhut ihrer Eltern und besteigt den Zug nach Bussum.

Zu ihrer Verwunderung empfindet sie bei der Ankunft keinerlei Enttäuschung. Im Gegenteil, sie verspürt eine wärmende innere Flamme aus Kindertagen, die offenkundig weder die vielen seither unternommenen Reisen noch all die Todesfälle in ihrer Umgebung haben auslöschen können.

Der Ausflug nach Bussum war wie eine Offenbarung. Manchmal entscheiden einfach nur das Fliesenmuster in einem Hof, ein plötzliches Schlaglicht auf einem Fenster oder ein regennasses glänzendes Straßenpflaster darüber, ob man seinen Ort auf der Welt gefunden hat.

Im Schatten der ältesten Kiefer Bussums, an der Kreuzung J.-van-Woensel-Kooylaan und Ruwaardlaan, hat Johanna van Gogh-Bonger an diesem Märzsonntag des Jahres 1891, exakt zwei Monate nach dem Tod ihres Mannes, auf einmal das sichere Gefühl, dies sei genau der richtige Ort, um ihren Sohn großzuziehen.

In der Nähe des Bahnhofs wird sie von außergewöhnlichen Vogelstimmen überrascht, ein weiteres Zeichen dafür, dass diese Gegend noch nicht völlig von der Zivilisation in Besitz genommen worden ist.

Eindeutig: Bussum ist der Ort, nach dem sie gesucht hat – ganz in der Nähe, und dennoch weit genug entfernt von ihren Eltern, zwanzig Kilometer, die einem, je nach Bedarf, lang oder kurz vorkommen können.

In der Ruhe dieses Dorfes kann ich meine Kräfte ganz auf die für mich wichtigsten Dinge richten: auf meinen heranwachsenden Sohn, die Notwendigkeit, meinen Lebensunterhalt selbst zu bestreiten, die Lektüre der Briefe van Goghs und die Wiederbeschaffung seiner Bilder, auch derjenigen, die noch in Paris verblieben sind.

Die Härte des Winters scheint gebrochen, von Tag zu Tag wird das Licht draußen kräftiger und heller. In diesem Augenblick erhebt sich unten im Hof der Gesang einer Drossel und dringt bis hierher an meinen Schreibtisch.
Mein Freund, der Professor, der immer von Schiffen träumt, hat recht: Der Frühling ist da.

Das gute Wetter spielt Johanna in die Hände, sie kann ihre Eltern zu einem Sonntagsausflug nach Bussum überreden.

Alle genießen das Picknick, aber keiner so sehr wie Vincent: Stundenlang stapft er durchs Heidekraut, als hätte er nie etwas anderes gekannt.

Abends steckt Hendrik Bonger sich eine Zigarre an und entdeckt in der Zeitung eine Erklärung der englischen Königin Victoria. »Nicht zu fassen«, sagt er hasserfüllt und liest noch einmal, jetzt für alle und mit lauter Stimme.

Die anderen unterbrechen ihre Beschäftigungen und lauschen dem, was er mitzuteilen hat.

»Die auf meine Anweisung durch König Leopold einberufene Versammlung zum Thema Sklavenhandel hat ihre Beratungen beendet. Die Abschlusserklärung ist von allen beteiligten Mächten mit Ausnahme Hollands gebilligt worden.«

»Queen Victoria …«, zischt Hendrik Bonger wütend und schmeißt die Zeitung auf den Teetisch. Als er sich ein wenig beruhigt hat, zwingt Johanna ihn, sich einem anderen Gegenstand zuzuwenden, indem sie ihrerseits verschiedene Dinge anspricht: den Einfluss, den Paris weltweit ausübt, den Kampf um die Umwandlung des Sonntags in einen arbeitsfreien Tag, die bürgerliche Mode, gelegentlich ein paar Tage in einem Thermal- oder Seebad oder irgendwo auf dem Land Erholung zu suchen, und als sie merkt, dass die anfängliche Aufmerksamkeit ihres Vaters wieder zu erlahmen droht, beendet sie ihre Ausführungen mit einem ernst gemeinten Scherz.

»Im Urlaub haben selbst die bestverschlossenen Geldbörsen den Drang, sich zu öffnen …«, sagt sie und lächelt.

Woraufhin Hendrik Bonger endlich einmal so herzhaft lacht, dass der dicke Schnurrbart zittert, den er seit seiner Zeit bei der Handelsmarine trägt.

Nachdem damit die Karten auf dem Tisch liegen, geht Johanna, während sie den Tee serviert, aufs Ganze. Sie kommt auf den Ort zu sprechen, an dem sie als Kind so häufig glückliche Zeiten mit der Familie zugebracht hat. Wer dem neuartigen Bedürfnis nachgeben möchte, dem Treiben des Amsterdamer Alltags für ein paar Tage zu entfliehen, der ist in Bussum genau richtig.

»Mit einer Pension in Bussum bekäme ich nicht nur die ruhige Umgebung, die ich für mein Gemüt brauche. Es wäre auch ein gutes Geschäft«, erklärt Johanna.

Hendrik Bonger verzehrt schweigend seinen Erdbeerpudding. Er sagt kein Wort.

Johanna blickt ihre Mutter an. Beide bestätigen sich verstohlen mit den Augen, dass das väterliche Schweigen ein gutes Zeichen ist.

Johanna war schon immer so: Da sie nur weniges selbst entscheiden kann, weiß sie wie alle Frauen ihres gesellschaftlichen Standes und mit ihren intellektuellen Fähigkeiten, wie wichtig es ist, warten zu können. Wenn sie sich allerdings einmal zu etwas entschlossen hat, ist sie nicht mehr von ihrem Weg abzubringen.

Ihre Eltern kennen das. Ja, sie haben ihre Kinder durchaus dazu erzogen, ihren Willen auch umzusetzen. Und so übergibt Johanna ihnen am nächsten Sonntag erneut den kleinen Vincent, um sich in Bussum nach einem Haus umzusehen.

Eine Verbindung Andrés spielt dabei eine wichtige Rolle. Herr Edgar Leeuwenbrug, ein Freund Andrés aus Utrechter Tagen, zeigt Johanna ein Haus, das genau ihren Vorstellungen entspricht.

Es liegt zehn Minuten Fußweg in südlicher Richtung vom Bahnhof entfernt und heißt beziehungsweise hieß – seit fast sechs Monaten wohnt niemand mehr darin – Villa Helma. Der Garten ist ziemlich verwildert und das Haus selbst in keinem allzu guten Zustand, doch Johanna sieht nicht, was sich vor ihren Augen befindet, sondern die verheißungsvoll dahinter aufleuchtende Zukunft.

In den dunklen Zimmern öffnet ihre Fantasie weit die Türen und die nach Westen gehenden Fenster, und die Flure wird sie schon bald marineblau streichen lassen, um ihnen mehr Großzügigkeit zu geben.

Vincents Zimmer wird dort sein, wo sich jetzt die Überbleibsel von einer Art Schreibzimmer befinden, ihr eigenes gleich neben dem großen Bad. Und die Böden, momentan noch überzogen von einer dicken Schicht aus Staub und Schutt, erstrahlen vor Johannas innerem Auge bereits in frischem Glanz.

Das Leben, das sich, aus Gründen, die sie nicht interessieren, aus diesem Haus zurückgezogen hat, wird – sie sieht es genau vor sich – wieder hierher zurückkehren.

Als Nächstes stellt sie sich, verteilt über die Wände von Zimmern und Fluren, die Bilder van Goghs in dieser Umgebung vor. Und auch für das, was sich aus Platzmangel nicht wird aufhängen lassen, entdeckt sie einen idealen Aufbewahrungsort: das am wenigsten feuchte Zimmer im Obergeschoss, mit Blick nach Norden.

Überall in diesem Haus mit seinen abgewetzten, von der Feuchtigkeit angenagten Wänden soll man später die Bilder ihres Schwagers betrachten können.

Vor dem Verkäufer zeigt sie sich jedoch zögerlich: »Hier gibt es eine Menge in Ordnung zu bringen«, sagt sie und strebt glücklich dem Ausgang entgegen.

Auf der Rückfahrt im Zug notiert sie nur dies:

Ich spüre es deutlich: Sollte ich noch einmal hierherkommen, dann um dieses Haus zu kaufen.

Wenig später empfängt Johanna einen Brief aus Paris, von Octave Mirbeau, darin enthalten auch ein schon fast zwei Monate zuvor, am 29. Januar 1891, in *L'Echo* veröffentlichter Artikel Mirbeaus über Vincent van Gogh, dessen Tod damals ein halbes Jahr zurücklag.

Ein ehrerbietiger und bewegender Text. In manchem, was darin gesagt wird, erkennt Johanna, was auch sie vor van Goghs Bildern empfunden hat.

In diesen Bildern drückt sich ein Mensch aus, der voller Zorn und Hochmut über dem Abgrund seiner selbst schwebt.
Beim Betrachten der Zypressen im Abendlicht habe ich das Gefühl, als stünde Vincent van Gogh immer noch dort und prügelte mit dem Pinsel auf die Leinwand ein.

Wie sich dabei die Bewegungen von Arm und Handgelenk niederschlagen, wie viel verhaltene Wut in diesem Blau steckt, welch überwältigende Verzweiflung in den entflammten Gelbtönen, und wie sich dieses Zinnoberrot in der Hitze der eigenen Glut krümmt!

Johanna legt den Artikel in die Mappe mit den wenigen wohlmeinenden Texten, die bis jetzt über van Goghs Werk erschienen sind. Dann dankt sie Octave Mirbeau in einem Brief, in dem sie ihn außerdem darum bittet – ohne dass sie selbst genau wüsste, warum –, sie mit holländischen Kunstkritikern in Kontakt zu bringen.

Vor allem aber beschäftigt sie sich mit Überlegungen zu dem Haus in Bussum, das sie am Sonntag besichtigt hat. Was ihrer Mutter keineswegs schlecht erscheint, sieht sie darin doch ein Anzeichen, dass Johanna neuen Mut gefasst hat und sich bemüht, nach Theos Tod eine Lösung für ihr künftiges Leben zu finden.

Sie weiß, dass es für eine alleinstehende Frau nicht einfach sein wird, aber sie hat Vertrauen in ihre Tochter. »Das beste Mittel gegen eine große Sorge ist eine kleinere Sorge«, sagt sie zu Johanna und lächelt überraschend großmütig.

Sie hat Papa überredet, nächstes Wochenende mitzufahren. Es wird zu einem Geschäftsabschluss kommen.
Ich habe Vincent in die Arme geschlossen und geküsst. Dann bin ich in mein ehemaliges Mädchenzimmer gegangen. Eine längst verloren geglaubte Freude hat von mir Besitz ergriffen, und die Tränen stiegen mir in die Augen.

Johanna verbringt ihre ganze knapp bemessene Freizeit mit der Lektüre von van Goghs Briefen.

Wenn sie beim Lesen nachrechnet, wundert sie sich immer wieder: Im Juli 1880 war van Gogh siebenundzwanzig Jahre alt und hatte bereits gründlich die Bibel, Aischylos, Michelets *Geschichte der Französischen Revolution*, Werke von Victor Hugo, Dickens, Beecher Stowe, Fabritius und den gesamten Shakespeare gelesen.

»Mein Gott, wie schön ist Shakespeare! Wer ist so geheimnisvoll wie er? Sein Wort und seine Art wiegen jeden von fieberhafter Erregung zitternden Pinsel auf«, schreibt er einmal.

Wiederum im Juli 1880, in seiner Zeit im Borinage, lässt er in einem langen Brief der Feder freien Lauf, um sich unter anderem gegen den Vorwurf zu wehren, er sei ein Tagedieb, und um Theo Schuldgefühle zu bereiten, die dieser niemals richtig wird verarbeiten können: »Wenn ich gesunken bin, so bist Du auf der anderen Seite emporgestiegen. Und wenn ich Sympathien verloren habe, so hast Du sie gewonnen. Damit bin ich aufrichtig zufrieden, und das wird mich immer freuen.«

Das ist jetzt zehn Jahre her. Damals beschloss van Gogh, alles andere für die Malerei aufzugeben. Während Johanna nun ihren kleinen Sohn in den Schlaf wiegt, sagt sie sich, ebenso gut hätte er seinerzeit die schriftstellerische Laufbahn einschlagen können.

Viele Briefe vermitteln Johanna ein bedrückendes Gefühl von Verzicht und Entsagung. »Der Weg ist schmal, und die Pforte ist eng, und ihrer sind wenige, die sie finden«, liest sie an einer Stelle. Daraufhin unterbricht sie die Lektüre für einige Tage, um schließlich doch wieder zu dem Koffer zurückzukehren und von Neuem zu beginnen.

Als ahnte sie, dass in allem Geschriebenen unweigerlich dessen Überarbeitung und Neuformulierung angelegt ist, verfährt Johanna bei der Lektüre der Briefe seit einiger Zeit genauso, wie sie es damals mit den Werken von Multatuli oder Shelley getan hat: Sie legt sich ein Heft bereit, um sich Notizen zu machen. Diese Briefe müssen beschnitten, zurechtgestutzt werden.

Die schwärmerischen Geständnisse muss man überspringen, was zählt, sind die Augenblicke, in denen er sich ganz für die Empfindungen öffnet und unwillkürlich Texte von hohem dichterischem Wert hervorbringt. Wann immer van Gogh ein Bild beschreibt – egal, ob es von ihm oder jemand anderem stammt –, wird er zu einem großartigen Schriftsteller. Einmal beschreibt er etwa eine Zeichnung, auf der eine Gruppe von Minenarbeitern dargestellt ist:

Bergleute,
die morgens
im Schnee
längs
einer Dornenhecke
auf einem Fußpfad
zur Grube gehen:
vorüberziehende Schatten,
die in der Dämmerung
kaum
zu erkennen
sind.

In ihrem Tagebuch greift Johanna immer wieder in die Briefe van Goghs ein, lockert das Textgefüge, schiebt, wo nötig, Leerstellen dazwischen – bis unversehens die Spuren eines Gedichts aufscheinen.

Und dann beim Malen merkte ich erst,
wie viel Licht auch noch
in den Dunkelheiten war.

»Das ist fast wie ein Haiku von Bashō«, notiert sich Johanna. »Den Brief hat er in Den Haag geschrieben, im August 1882.«

Für Johanna wird es zu einem geheimen Laster, zu verfolgen, wie ihr Schwager manchmal, inmitten einer Abfolge wirrer Sätze, eine blendend helle Beobachtung aufblitzen lässt. So fischt sie einmal aus einer Ansammlung von Abrechnungen und Bitten um weitere Unterstützung durch den Bruder folgende Bildbeschreibung:

Eine Gartenecke
mit kugligen
Büschen
und einer Trauerweide,
im Hintergrund
Büschel von rotblühendem Lorbeer

und die Wiese,
die man jetzt abmäht,
die langen Heubündel,
die in der Sonne trocknen,

ein kleines Stück
blauen Himmels,
das oben
grün ist.

Das schreibt van Gogh, um gleich darauf zu verkünden: »Ich glaube, ich werde den ganzen Balzac noch einmal lesen.«

Hendrik Bonger entscheidet sich schließlich und greift auf seine Ersparnisse zurück. Damit kauft er die Villa Helma. Außerdem stellt er Geld für die Renovierung des Gebäudes zur Verfügung, die mindestens zwei Monate in Anspruch nehmen wird.

Johanna, die erst vor Kurzem den Zusammenbruch ihres Mannes hat miterleben müssen, übernimmt nun die Aufgabe, ein ganzes Haus instandzusetzen. Begleitet von ihrem Onkel Jan, kümmert sie sich vor Ort um die Durchführung der Arbeiten.

Als Erstes beschließt sie, dass die Villa Helma ihren Namen behalten soll. Damit folgt sie dem Rat des Verkäufers: Ein solches Gebäude umzubenennen führe im besten Fall zu Verwirrung.

Bei diesen Worten wies der Mann auf ein Haus in der Nähe und fuhr fort: »Zu dem Gebäude dort drüben sagen die Leute zum Beispiel bis heute ›Das weiße Haus‹, obwohl man es nach dem Verkauf rot angestrichen und ›Meine Zuflucht‹ getauft hat – da können die Besitzer den neuen Namen noch so oft wiederholen.« Er hat recht.

Zum ersten Mal seit Monaten bin ich zufrieden. In dieser Stimmung machte ich mich heute mit meiner Mutter auf die Suche nach Möbeln.
Wir kauften eine Garnitur Schlafzimmermöbel aus Palisanderholz mit geschliffenen Spiegeln und eine Garnitur Esszimmermöbel aus Nuss- und Eichenholz sowie eine Anrichte für den Eingangsbereich der Villa Helma.
Außerdem konnten wir mehrere Betten, Kristall- und Bronzeleuchter, bestickte Vorhangstoffe, Toilettentische, Kommoden, eine Menge Geschirr sowie ein großes Bücherregal aus Ebenholz zu einem sehr günstigen Preis erwerben.

Erster Samstag im April des Jahres 1891 in Amsterdam. Müde von vierzig Tagen Renovierungsarbeiten in der Villa Helma macht Johanna sich auf einmal klar, dass sie sich während der ganzen Zeit auf einen Kampf vorbereitet hat, zu dem es nie gekommen ist. In seinem Testament hatte Theo kurz vor dem Tod in überraschend kühler Voraussicht den Wert sämtlicher Bilder seines Bruders auf gerade einmal zweitausend Gulden taxiert.

»Du bist die Einzige, die mit der ganzen Sache umgehen kann«, hat er, dem Ende schon ganz nah, zu seiner Frau gesagt.

Das war eine der wenigen Entscheidungen, die sie noch gemeinsam treffen konnten.

Damit wollten sie möglichen Einmischungsversuchen anderer Mitglieder der Familie vorbeugen, zu denen es jedoch niemals kam.

Wäre es mit einzelnen Mitgliedern der Familie van Gogh tatsächlich zu irgendwelchen Spannungen hinsichtlich der

Zukunft der Bilder gekommen, wäre ich um klare Worte nicht verlegen gewesen.
Nicht nur wegen der großen Zuneigung oder der hundertfünfzig Francs, die Theo seinem Bruder zehn Jahre lang Monat für Monat hat zukommen lassen. Dass ich die Bilder aus der Rue Pigalle – wo mein Bruder André ein Auge auf sie hat – hierherholen will, ist nur folgerichtig und geschieht nicht aus bloßer Anhänglichkeit: Wenn sie jemals etwas wert sein sollten, dann bin ich genau die Richtige, um ihnen Öffentlichkeit zu verschaffen.
In jedem Fall hat außer Wilhelmina keiner der van Goghs Interesse am künstlerischen Nachlass des Malers gezeigt. Nicht einmal seine Mutter – mit den Bildern, die er seinerzeit in Breda zurückließ, wusste sie nicht das Geringste anzufangen.
Dafür weiß ich, dass van Gogh es nur schwer verschmerzte, dass sie seiner Malerei so wenig Achtung entgegenbrachte. Mehr als jedem anderen aus der Familie stehen die Bilder also mir und meinem Sohn zu. Zudem nennen manche mich inzwischen schon etwas verächtlich die Witwe der Brüder van Gogh.

Johanna setzt einen Brief auf. Einen Brief, der ihr Leben verändern wird. Darin erhebt sie ganz formell Anspruch auf ein Erbe.

Am frühen Morgen des 15. April 1891 arbeitet Johanna van Gogh-Bonger in Amsterdam bereits an der vierten Fassung des Briefes an Émile Bernard. Um das Vertrauen des Malers zu gewinnen, bemüht sie sich um einen gleichermaßen verbindlichen wie klaren Tonfall. Sie lobt die Idee, im *Mercure de France* mehrere Briefe van Goghs zu veröffentlichen, ausdrücklich und legt außerdem dar, wie sie weiter verfahren wird.

Am ersten Mai dieses Jahres eröffne ich in Bussum eine Pension. Damit werde ich, wie mir scheint, den Lebensunterhalt für mich und meinen Sohn bestreiten können.
Es handelt sich um ein sehr schönes Haus mit viel mehr Platz für den Kleinen, die Bilder und mich. In jeder Hinsicht besser als die winzige Stadtwohnung in der Rue Pigalle, wo ich nichtsdestoweniger die besten Tage meines bisherigen Lebens zugebracht habe.
Seien Sie jedoch beruhigt: Die Bilder werden nicht in einer Scheune oder einem schummrigen Hinterzimmer landen. Vielmehr werde ich das ganze Haus damit schmücken. Ich hoffe, Sie kommen einmal nach Holland und können sich dann selbst davon überzeugen, dass ich mir allergrößte Mühe gebe.
Ich bitte Sie, zusammen mit meinem Bruder André eine Auswahl aus den rund sechshundert Bildern zu treffen, die sich noch in der Wohnung in der Rue Pigalle befinden.

Was das Werk Vincent van Goghs angeht, wenden sich die Dinge allmählich zum Besseren. So ist es keineswegs verkehrt, dass angesichts der schwierigen Begleitumstände ausgerechnet diese beiden Männer die Auswahl treffen – Émile Bernards feines künstlerisches Empfinden und der geschäftliche Spürsinn André Bongers ergänzen sich hierin aufs Beste.

Ich habe ihn gebeten, auch noch die anderen Bilder Theos aus der Rue Pigalle hierherzuschicken. Es handelte sich um mehrere Gemälde von Paul Gauguin, Pissarro, Toulouse-Lautrec, Léon Lhermitte und Jean-François Millet. Momentan ist jedes davon gerade einmal zweihundert Francs wert, aber wer weiß ...

8

Johanna lässt für eine Weile den Albtraum aus Koffern und Umzugskisten hinter sich, die Klagen über unauffindbare Dinge und den Jubel über das Wiederauftauchen anderer, endgültig verloren geglaubter.

Sie gibt das Haus und ihren kleinen Sohn in Zuleicas Obhut und unternimmt einen kleinen Spaziergang – den ersten, seit sie sich in eine Bürgerin Bussums verwandelt hat.

Auf dem Bikbergerweg geht sie im ockerbraunen Licht der Pappeln dahin, die gerade die ersten Blätter treiben. Als sie zurückkehrt, fühlt sie sich frisch und gestärkt. Sie schreibt in ihr Tagebuch:

Heimat, das ist die Gesamtheit der Spazierwege ums eigene Dorf – wie wahr!
Hier möchte ich viele Jahre bleiben.

Eine Woche nach dem Einzug in die Villa Helma – Johanna hat es inzwischen geschafft, halbwegs im Haus für Ordnung zu sorgen – treffen van Goghs Bilder ein. Émile Bernard hat sie behutsam verpackt. Zu der Sendung gehören auch mehrere Möbel aus Paris, die Johanna gern hierhaben wollte: eine Kommode aus der Maison Krieger, mit der Signatur Damon & Colin, und zwei vergoldete und mit rotem Samt bezogene Louis-seize-Sessel plus das dazugehörige Sofa.

Von den Gemälden van Goghs haben Émile Bernard und André etwa die Hälfte mitgeschickt, dazu an die vierhundertfünfzig Zeichnungen. Als schließlich alles seinen Platz gefunden hat, lässt Johanna sich in einem Sessel nieder und legt die Füße auf einen Schemel.

»Wie viele Gelbtöne es auf van Goghs Bildern gibt, dabei gar nicht mal so viele Sonnen«, sagt sie sich und versenkt den Blick dann in die violetten Schattierungen des Sämanns im Abendlicht, der mit Reißzwecken an der Wohnzimmerwand befestigt ist.

Von dem Bild geht eine warme, wohltuende Wirkung aus. Irgendwann nickt Johanna ein. Als sie nach einer Viertelstunde wieder erwacht, hat sie das Gefühl, zum ersten Mal seit Monaten ausgeruht zu haben.

Vincent hat mit großem Vergnügen beim Auspacken der Gemälde geholfen.
Er ist zwischen dem Papier und den Schutzdecken umhergekrochen. Manchmal hat er sein Spiel für einen Augenblick unterbrochen, um aufmerksam den seltsamen Tanz einer Gruppe von Zypressen zu betrachten oder eines der liebenswürdigen Porträts von Père Tanguy oder die Mühlen am Montmartre.
Heute Nachmittag habe ich die ersten Bilder in der Villa Helma aufgehängt.
Das war der Auftakt – die Welt soll diese Werke zu sehen bekommen.

Die Villa Helma hat sich auffällig verändert. Ihre Umgestaltung, die Wiederinbetriebnahme eines Hofes und einer Terrasse, der frische Anstrich – in einem matten Grün, es soll keineswegs der Eindruck einer radikalen Verjüngungskur erweckt werden –, vor allem aber die Bilder van Goghs im Inneren verleihen der Pension etwas Unverwechselbares.

Offenbar bringen diese Bilder Johanna Glück, denn gleich am ersten Wochenende sind beide Gastzimmer belegt. Vielleicht gaben die Sonnenblumen und die Selbstporträts den Ausschlag, jedenfalls entschloss sich als Erstes ein recht unscheinbares, leicht zu übersehendes Paar aus England zum Bleiben – mit Johanna wechselten sie kaum ein paar Worte. Zwei Stunden nach ihnen traf ein höchst exotisches argentinisches Pärchen ein, beides Schriftsteller, weltgewandt und sehr modern.

Beim ersten gemeinsamen Abendessen ließen die Argentinier durchblicken, sie seien nach mehreren Ehejahren zu einem für beide Seiten vorteilhaften Arrangement gelangt: Die Frau widmet sich seither so heimlichen wie peinigenden Romanzen mit Vertreterinnen ihres eigenen Geschlechts, während sie dem Gatten freie Bahn für Abenteuer mit allen möglichen wunderschönen Frauen lässt, deren Dauer jedoch stets auf wenige Tage begrenzt bleibt.

Sie verfügten über einen unerschütterlichen Humor.
In ihrer Heimat übertreibt man es offenbar in vielen Dingen.
Wie sie berichteten, führen reiche argentinische Familien auf ihren Europareisen stets eine Kuh mit an Bord, damit es ihren Kindern unterwegs nicht an frischer Milch mangelt.

Außerdem zeigten sie sich amüsiert über die Besessenheit von uns Holländern, alles in ein Museum zu verwandeln.

»Die Sammlung alter Pfeifen, die wir im Nebenraum einer großen Kolonialwarenhandlung in Gouda zu sehen bekamen, war allerdings wirklich interessant«, äußerte der Mann mit ironischem Unterton.

»Vergiss das Spielzeugmuseum nicht! Weißt du noch, in Deventer?«, sekundierte die Frau im gleichen Tonfall.

Ernster wurden sie, als sie vom tiefen Eindruck erzählten, den Rembrandts *Nachtwache* im Amsterdamer Rijksmuseum bei ihnen hinterließ. Und die Bilder van Goghs schienen sie tatsächlich zu faszinieren.

Für dreißig Gulden nahmen sie zwei Zeichnungen aus der Anfangszeit des Malers in die ferne Pampa mit.

Zusätzlich zu ihrem Tagebuch hat Johanna sich ein Heft aus feinem Japanpapier mit blauem Einband zugelegt. Hier trägt sie alles ein, was mit dem Größerwerden des kleinen Vincent zu tun hat.

Das Tagebuch über meinen Sohn wächst unaufhörlich, genau wie er selbst. Gerade beobachte ich, wie er sich vorsichtig durch den Raum bewegt. Dabei behalte ich nach Möglichkeit die gesamte Umgebung im Blick, um den lauernden Gefahren vorzubeugen. Ich genieße es zuzuschauen, wie er sich voller Neugier die Welt erobert.
Schließlich wendet er den Kopf und sieht sich nach mir um. Wie ein Schiff, das auf einmal Schlagseite bekommen hat, sucht er nach einem Bezugspunkt, um anschließend seinen Weg fortsetzen zu können.

Dann dreht er den Kopf zurück nach vorn und geht weiter. Dabei rudert er heftig mit den Armen, um im Gleichgewicht zu bleiben.

Mitternächtliche Stille in Bussum.

Die unterschiedlichen Wünsche eines jeden Gastes auf Anhieb zu erfassen will gelernt sein. Zugleich gilt es, stets die Zeit im Auge zu behalten und sich geschmeidig auf alle Umstände einzustellen.

Johanna kommt dabei ihre nicht zu unterschätzende Erfahrung als Englischlehrerin an der Mädchenschule in Utrecht zugute.

Manche Gäste sind ganz erpicht darauf, im Gespräch mit mir scheinbar beiläufig alle Beschwernisse ihres Lebens abzuladen. Andere dagegen äußern kaum mehr als die paar Worte, die nötig sind, um ein Zimmer zu reservieren oder das Essen zu bestellen.
Trotz aller Schwierigkeiten bin ich guter Dinge – und weiß selbst nicht, warum.
Zeigt einer meiner Gäste sich interessiert, so erzähle ich ein wenig über die Herkunft der Bilder an den Wänden. Manchmal sage ich aber auch gar nichts und bleibe bloß wie gebannt vor einem der Gemälde stehen. Dann richte ich die ganze Aufmerksamkeit auf einen winzigen Ausschnitt, einen flüchtigen Pinselstrich, der jedoch die Essenz des Bildes zu enthalten scheint. Oft reicht das aus, um den Blick eines Gastes auf das Werk zu lenken.
Dabei stelle ich immer wieder fest, dass sich zwischen zwei Menschen, die gemeinsam ein Bild Vincent van Goghs betrachten, ein wortloser Dialog entspinnt, eine Art unhörbarer

Musik. Und jenseits aller Erklärungen entsteht ein geheimes Einverständnis.

Während Johanna allmählich lernt, eine Pension zu führen, erweist sich diese Tätigkeit zusehends als Vorarbeit zu einer noch viel wichtigeren und drängenderen Aufgabe: der Bekanntmachung des Werks ihres Schwagers.

Da Gauguin sich auf dem Weg nach Martinique befindet und Toulouse-Lautrec immer mehr Zeit im Bordell zubringt, ist Johanna – das ist ihr durchaus bewusst – im Augenblick die einzige Person außerhalb des van Gogh'schen Familienkreises, die um das unbekannte Vermächtnis ihres Schwagers weiß und den Gesamtüberblick darüber besitzt: über die Briefe wie über die Bilder.

Pfeile, deren Spitze in Honig getaucht wurde.

Während sie das Frühstück abräumt und für zwei Handlungsreisende, die in der Villa Helma Station gemacht haben, einen kleinen Proviant zubereitet, sagt sich Johanna, dass sie ihren Geschlechtsgenossinnen gegenüber trotz allem in einem Punkt im Vorteil ist: Sie braucht sich von niemandem Vorschriften machen zu lassen.

Nach all den Schwierigkeiten und Entbehrungen fängt sie an, ihre Freiheit zu genießen.

Wie sehr hat sich doch vieles für mich zum Besseren gewendet!
Die Bilder im Haus lenken unterdessen immer öfter die Aufmerksamkeit der Gäste auf sich.
Ihrer Wirkung kann man sich auch nicht so leicht entziehen. Und will man zur Überwindung der anfänglichen

Befangenheit beim Frühstück oder Abendessen einmal nicht über etwas so Belangloses wie das Wetter sprechen, sind sie tatsächlich eine große Hilfe.

Die hierbei so spontan wie offenherzig geäußerten Ansichten der Gäste beflügeln Johannas Vorhaben zusätzlich und spielen eine nicht zu unterschätzende Rolle bei der Umsetzung der großen und immer dringlicher werdenden Aufgabe.

Johanna bewahrt sie alle im Gedächtnis, während ihr Plan im Stillen weiter heranreift. Es wird Zeit, sich ernsthaft Gedanken darüber zu machen, welche Art von Ausstellungen mit Werken ihres Schwagers sie über kurz oder lang verwirklichen will.

An diesem Abend liest Johanna einen Brief van Goghs aus dem Jahr 1883. Er enthält die Beschreibung einer Landschaft bei Drenthe, bei deren Anblick es ihn drängt, zum Pinsel zu greifen: »Dämmerung. Ein breiter Schlammweg, alles schwarzer Morast, rechts Heide bis ins Unendliche, links Heide bis ins Unendliche, und die Luft noch gleichmäßig hell, leuchtend, mit Weiß, doch einem Lila-Weiß, das nicht zu ergründen ist.«

In jedem Bildentwurf van Goghs erkennt sie ein Gedicht.

Später stößt sie in einem anderen Brief auf van Goghs Rechtfertigung seiner Beziehung mit Sien. Johanna kennt die Geschichte, am Familientisch wurde gelegentlich mit einiger Befangenheit darüber gesprochen. Indem er sich eine Prostituierte zur Lebensgefährtin erkor, hatte van Gogh einen Skandal hervorgerufen. Mit der Folge, dass sein Vater beabsichtigte, ihn zu enterben, und die

Schwestern sich empört von ihm abwandten. Selbst Theo zog damals eine Weile seine schützende Hand von dem auf Abwege geratenen Spross der Familie zurück.

Jetzt, wo die Briefe in ihrem Besitz sind, erfährt Johanna mehr über die Geheimnisse dieser verbotenen Liebe.

Van Gogh bezahlte Sien geringe Geldsummen, damit sie ihm für seine Zeichnungen Modell saß. Einmal erschien sie in seiner bescheidenen Werkstatt, obwohl für diesen Tag keine Sitzung verabredet war, woraufhin van Gogh sie aufforderte, wieder zu gehen, hatte er doch zu der Zeit kein Geld, um ihre Dienste in Anspruch zu nehmen.

»Ja, aber ich komme nicht, um gezeichnet zu werden, ich komme nur einmal nachsehen, ob Sie wohl zu essen haben«, lautete Siens Antwort. Sie hatte eine Portion Bohnen und Kartoffeln für van Gogh dabei, schließlich wusste sie genau, dass der Maler nichts Essbares im Haus hatte.

Daraufhin hatte van Gogh ihr angeboten, bei ihm unterzuschlüpfen – Sien war krank, hatte eine kleine Tochter und war schwanger von jemandem, der nicht bereit war, Verantwortung für das von ihm gezeugte Kind zu übernehmen.

»Mich dünkt, dass jeder Mann, der das Leder seiner Schuhe wert ist, dasselbe getan haben würde, wenn er einem solchen Fall gegenübergestanden hätte. Diese Frau hängt nun an mir wie eine zahme Taube«, schreibt van Gogh dazu.

Nach der Lektüre dieser Briefe sucht Johanna Zeichnungen van Goghs heraus, auf denen Sien dargestellt ist. Bei ihrer Betrachtung treten ihr Tränen in die Augen.

Belebt durch den Anblick der sie umgebenden Sternennächte, Nachtcafés in Arles, Weidenstämme, die den Eindruck erwecken, sie wollten gleich zu sprechen beginnen, und Mühlen am Montmartre und zusätzlich befeuert durch die Formulierungen aus van Goghs Briefen, fühlt sich Johanna bereit wie nie, den Sprung zu wagen. Als Frau, das weiß sie, setzt sie sich ohnehin, egal, was sie tut, der Kritik der ganzen Welt aus.

Wie um all das nachzuholen, was Theo seinerzeit unterlassen hat, arbeitet Johanna jetzt ernsthaft an einem Plan, van Goghs Bilder in Umlauf zu bringen. Beginnen will sie mit kleinen Ausstellungen, wie ihr Schwager selbst es in seinen Briefen an Theo empfiehlt.

So viel wie möglich zeigen und nur verkaufen, wenn nötig.

Beim Lesen eines Briefes, in dem van Gogh unter Berufung auf Millet die spröden Zeichnungen seiner Anfangszeit in Den Haag verteidigt, kommt Johanna der Gedanke, eben diese frühen Zeichnungen – ausgeführt mit einem Zimmermannsbleistift und einer derben Feder – könnten für eine erste Ausstellung von Werken van Goghs in Holland genau richtig sein.

Fünfzehn davon lässt sie daraufhin rahmen.

Das ist zwar nicht viel, mehr erlaubt ihr schmales Budget derzeit jedoch nicht.

Anschließend überlegt Johanna, ob sie die Zeichnungen nicht zunächst in Den Haag, also an ihrem Entstehungsort, ausstellen soll.

Was sich im Nachhinein als eine Art verspäteter poetischer Wiedergutmachung erweist.

Vincent spielt zu meiner Erleichterung schon seit einer ganzen Weile mit seinem Wägelchen aus Holz.
Abgesehen davon, dass er abends Mühe beim Einschlafen hat, machen meinem Sohn die neue Umgebung und der veränderte Tageslauf offenbar nichts aus.
Wie schön es ist, ihn so unbekümmert spielen zu sehen.

Trotzdem ist Johanna manchmal kurz davor, die Fassung zu verlieren. Nicht, weil die Erinnerungen an Theo noch immer so lebendig sind, und auch nicht wegen des kränkenden Verhaltens ihres Vaters, der sich ihr gegenüber wieder zu allem Möglichen berechtigt fühlt, schließlich hat er das Geld für die Villa Helma zur Verfügung gestellt. Ebenso wenig durch das herablassende Gebaren der örtlichen Obrigkeit in Gestalt des Pastors und der alteingesessenen Bussumer Familien, die die erstaunliche Geschäftigkeit dieser doch gerade erst verwitweten jungen Frau mit einem ausgeprägten Misstrauen verfolgen.

Nein, was Johanna fast den Boden unter den Füßen wegzieht, sind gewisse Besucher, die sich ungebeten in der Villa Helma einfinden.

Ich kann es einfach nicht glauben!
Sie waren wieder da, unfassbar. Wie schon in Paris in den ersten Tagen nach van Goghs Tod hat sich nun auch hier in der Villa Helma eine Gruppe von Fanatikern eingestellt, die von der wahnhaften Idee besessen sind, seine Bilder müssten zerstört werden. Sie bezeichnen sie als Hervorbringungen des

Bösen. Ob sie derselben Sekte angehören wie die Leute seinerzeit in der Rue Pigalle?
Wie haben sie bloß hierhergefunden?
Van Goghs Selbstmord und der Tod meines Mannes sind für sie ein Beweis für das Wirken des Teufels. »*Soll es etwa noch mehr Opfer geben?*«, *haben sie drohend gefragt und sich wieder davongemacht.*
Als ich mit meinen Eltern darüber sprach, haben sie bloß schallend gelacht über so viel Ahnungslosigkeit. Meine Beunruhigung jedoch bleibt.

Johanna begibt sich entschlossenen Schritts zum Rathaus. Sie ist wütend. Anzeigen wird sie diese Leute, erklären, dass sie ihr gedroht haben – sie sollen es bloß nicht wagen, sich noch einmal bei ihr blicken zu lassen.

Ein anderer Besucher verscheucht die dunklen Wolken: Octave Maus, ein Mann mit wenig markanten Gesichtszügen, aber dandyhaftem Gebaren. Er ist die treibende Kraft der Gruppe der Vingtisten, die dem Rest der Welt um ein Jahrzehnt voraus sein wollen. Ihre Mitglieder sind Künstler, die ein einigermaßen exzentrisches Leben führen und van Goghs Werk zutiefst bewundern. Sie wollen ihm zu Ehren in Brüssel eine Ausstellung organisieren.

Im Jahr davor waren einige seiner Bilder ja schon einmal in einer Vingtisten-Ausstellung zu sehen – unter anderem zwei Gemälde mit Sonnenblumen, ein »Unterholz mit Efeu«, ein blühender Obstgarten mit mehreren Pappeln, ein Weizenfeld bei Sonnenaufgang. Toulouse-Lautrec wollte sich zu ihrer Verteidigung damals sogar mit einem Besucher duellieren.

»Van Goghs Malerkollegen waren von seinen Werken begeistert, in den Zeitungen dagegen hat man ihn zu Unrecht missachtet«, sagt Maus, während er die Gemälde für die Ausstellung auswählt.

»Bei den Kritikern dringen Sie erst durch, wenn Sie den Herren eine ordentliche Menge guten Wein eingeflößt haben«, gibt Johanna ihm als Rat mit auf den Weg.

Octave Maus fällt hierzu eine Äußerung Toulouse-Lautrecs ein: »Kritiker sind wie Eunuchen, sie wissen genau, wie es geht, sie können aber nicht.«

Johanna nutzt die vertrauensvolle Stimmung, um ihrem Gast von den dreisten Besuchern in der Rue Pigalle wie auch jetzt wieder hier in der Villa Helma zu berichten. »Wir müssen uns mit dem Bekanntmachen des Werkes beeilen, denn diese religiösen Fanatiker verlangen, dass ich die Bilder verbrenne«, gesteht sie während des Abendessens.

Octave Maus ist fassungslos. »Sollte einer von denen es wagen, bei der Ausstellung in Belgien aufzutauchen, hetze ich ihm die Polizei auf den Hals«, verspricht er.

Mal sehen, wie es weitergeht. Das Konzept von Octave Maus scheint mir interessant. Er hat acht Bilder und sechs Zeichnungen mitgenommen, um sie rahmen zu lassen.
In Brüssel wurden seinerzeit ja endlich auch zwei Bilder verkauft, ein Selbstporträt und der rote Weinberg. Das war das erste und einzige Mal, dass van Gogh zu Lebzeiten mit seiner Kunst etwas verdiente, wenn auch nicht viel.
Als Verhandlungsbasis haben wir für jedes Bild zweihundertfünfzig Francs festgelegt. Außerdem wurde die Frage des Anteils für die Brüsseler Aussteller taktvollerweise

ausgeklammert – uns beiden ist klar, dass es bei diesem Geschäft gerecht zugehen wird.
Draußen ist es stockfinster, eine mondlose Nacht. Ich vermisse Theo, den Theo aus unseren ersten gemeinsamen Jahren.
Vincent umklammert beim Einschlafen jetzt immer drei Dinge: ein rotes Wollknäuel, sein Holzwägelchen und ein Glöckchen – der letzte Überrest einer Rassel, von der er sich nicht mehr hat trennen wollen, seit er zehn Monate alt ist.

Johanna schreibt einen Brief an ihre Eltern. Sie berichtet, dass sie, wenn alles so weitergeht wie bisher, dank der Einkünfte aus der Pension in drei oder vier Monaten ihre so freundliche Unterstützung nicht mehr benötigen wird.

Von den Ausstellungsplänen schreibt sie nichts. Dafür kündigt sie an, bereits in einem Jahr Geld für künftige Erweiterungen der Villa Helma zurücklegen zu können.

Montag, früh am Morgen. Ein Jahr ist es jetzt her, dass Vincent van Gogh sich eine Kugel in die Brust geschossen hat, woraufhin Theos Absturz begann.

Nach vier Umzügen und dem sich quälend hinziehenden Niedergang ihres Mannes genießt Johanna in Bussum zum ersten Mal wieder so etwas wie inneren Frieden. Ihr Leben verläuft inzwischen in einigermaßen geregelten Bahnen und beschränkt sich weitgehend auf die Sorge für den kleinen Vincent – bei der ihr Zuleica zur Seite steht –, die Betreuung der Gäste und die Lektüre der Briefe van Goghs.

Dazu kommen nun auch einige sehr gelegene Besuche. So trifft etwa an diesem Morgen Wil van Gogh mit dem Zug in Bussum ein, sie brennt darauf, die Villa Helma kennenzulernen. Auch sie wirkt ein wenig aufgekratzt, in ihrem Fall aufgrund einer durchaus nachvollziehbaren Begeisterung: Sie hat sich den Pionierinnen der feministischen Bewegung in Holland angeschlossen.

Mögen die kühnsten Intellektuellen Europas auch der Ansicht sein, der Feminismus sei eine bloße Folge der Tatsache, dass seine Vorkämpferinnen an der Suche nach dem Traumprinzen gescheitert sind – so einfältig ist Wil keineswegs. Allerdings müssen sie sich ihrer Meinung nach auf einen langen Kampf einstellen.

»Einen langen Kampf?«, wiederholt Johanna fragend.

»Zwanzig, wenn nicht dreißig Jahre«, erwidert Wil.

Eine lange, vielleicht allzu lange Zeit, sagt sich Johanna und geht eine Flasche französischen Rotwein holen, die vierzig Francs gekostet hat. Die Mutter hat sie ihr am vergangenen Wochenende hinter dem Rücken des Vaters zugesteckt.

Als sie zurückkehrt, knüpft Wil, die entspannt in dem großen Wohnzimmersessel sitzt, an ihre letzten Worte an: »Irgendwann werden wir uns das Wahlrecht jedenfalls erkämpft haben. Und ich möchte, dass das noch in diesem Leben geschieht«, sagt sie.

Johanna hat den Eindruck, als richte sich diese Rede weniger an sie als an das Publikum einer politischen Zusammenkunft. Doch gleichzeitig hält sie die Begeisterung ihrer Schwägerin für angemessen und berechtigt.

Wil hat Geschenke für ihren kleinen Neffen dabei. Doch bevor sie diese übergibt, betrachtet sie lange die Selbstporträts ihres Bruders.

Die beiden Frauen sind sich sogleich einig: Ob van Gogh sich selbst malt oder jemand anderen – worum es ihm geht, ist nicht fotografische Ähnlichkeit, sondern die innere Bewegung dessen, was vor seinen Augen erstrahlt.

Wil erinnert sich dabei an ein Gespräch mit ihrem Bruder, nicht lange vor seinem Tod. »Ich möchte Bilder malen, die den Menschen in hundert Jahren wie Erscheinungen entgegentreten«, hat er damals zu ihr gesagt.

Johanna antwortet hierauf mit einem Satz, den sie in einem frühen Brief van Goghs gelesen hat: »Was sind aber die Farben anderes als ein Ausdruck des innersten Lebens der Dinge?«

Später – inzwischen haben die beiden auch ohne Männer den Wein geleert – erklärt sich Johanna einverstanden mit einigen der Forderungen der feministischen Bewegung, für die Wil sich einsetzt.

»Wie schön ist es doch, sie zu Besuch zu haben«, sagt sich Johanna. »Sie ist mir bei Weitem die Liebste aus der Familie.«

Die Gäste bringen gute Neuigkeiten. Ein Belgier hat mich wissen lassen, dass die Regierung dort eine Vereinbarung mit den Bahnangestellten getroffen hat, die es Letzteren erlaubt, sonntags im Wechsel einen Ruhetag einzulegen.
Zwei Tage später wusste ein Franzose zu berichten, dass das Thema in seinem Land größte Aufmerksamkeit findet. In den Direktionsbüros sämtlicher großer Eisenbahnunternehmen werde darüber nachgedacht, und auf den Straßen sehe man sogar Plakate mit der Ankündigung eines internationalen Kongresses zur Frage eines wöchentlichen arbeitsfreien Tages.

Das wird auch neue Gäste in die Villa Helma führen.

Johanna genießt es, die Stimmungen und die sich abzeichnenden Veränderungen ihrer Zeit zu erspüren. Sie setzt darauf.

9

Vincent spielt stundenlang in der Badewanne.
Zunächst fällt es ihm jedes Mal schwer, ins Wasser zu steigen, aber umso schwerer ist es später, ihn wieder herauszubekommen.
Jetzt spielt er schon seit einer ganzen Weile mit einem kleinen Bronzeschöpfer und einem Holzbecher.
Zuleica und ich versuchen ihm beizubringen, von sich aus aufs Töpfchen zu gehen. Es wird Zeit, dass er das lernt.

Mittags essen Johanna und Wil draußen im Hof unter den Obstbäumen. Wil sagt, es könne nicht mehr lange dauern, bis die Frauen in dieser Männerwelt nicht mehr bloß zur Verzierung da sind. »Sie behandeln uns, als würde uns etwas fehlen, findest du nicht?«, meint Wil.

Sie bringt Johanna auf viele neue Gedanken. Die beiden reden auch über Dinge wie die »kurzen Ärmel«, zu dieser Zeit der letzte Schrei in der Mode.

Wir sind zusammen einkaufen gegangen. Wil entschied sich für ein sehr gewagtes blaues Kleid mit einem Rückenteil aus dünnem Tüll. Eine Frau mit Kind, wie ich, muss sich dagegen mit etwas in Weiß oder Schwarz begnügen.

Auch nicht schlecht.
Ohne dass wir darüber gesprochen hätten, erwähnt keine von uns beiden die Frau mit dem eisigen Blick. Wil weiß, wie ich über ihre Mutter denke, und dass sie dazu schweigt, vergrößert noch meine Achtung für sie.

Zusammen, als Freundinnen und Vertraute, sind Johanna und Wil noch wagemutiger, als es jede für sich selbst genommen ohnehin schon ist.

So entscheiden sie sich auch bei der Wahl ihrer Garderobe für Kleider, deren enger Schnitt die Körperform deutlich erkennen lässt, auch wenn sie nicht makellos sein mag.

Die neuen Gewänder reichen kaum bis an den Boden – schließlich ist es ziemlich mühsam und unbequem, ständig die Schleppe zusammenraffen und anheben zu müssen.

»Ich frage mich, wie wir bis jetzt überhaupt unsere Säume sauber gehalten haben«, sagt Wil, und die beiden kichern wie Backfische.

Mit dem Briefwechsel ihrer beiden älteren Brüder tut Wil sich dagegen nicht so leicht. Zumindest ist sie die Erste, die Johanna an ihrer Faszination durch van Goghs Art zu schreiben teilhaben lässt.

Johanna gesteht ihr jedoch nicht nur ihre Begeisterung, sie zeigt Wil auch, wie sie mit den Briefen verfährt: Sie lässt Überflüssiges weg, redigiert, hebt manches hervor, bis es hier und da aufblitzt und der Text seinen Klang entfaltet.

Einmal liest sie Wil vor, was van Gogh über ein Bild des Malers Thijs Maris geschrieben hat:

Eine alte holländische Stadt.
Reihen braunroter Häuser
mit grauen Dächern
und weißen oder gelben Türen.

In der Ferne ragt ein Turm
hoch über den Häusern auf.
Eine grauweiße Luft über allem.

Sie rechnen nach – der Brief ist von April oder Mai 1875, abgefasst wurde er in London. Van Gogh war damals also zweiundzwanzig Jahre alt. Doch erst mit siebenundzwanzig gab er alles auf, um von da an nur noch für die Malerei zu leben. Für Johanna und Wil steht fest: Bevor van Gogh ein großer Maler wurde, war er bereits ein großer Dichter.

Am Abend zeigt Johanna Wil, was sie von van Goghs Beschreibung eines Gemäldes von Corot in ihr Tagebuch übernommen hat.

Eine Gruppe Olivenbäume,
dunkel
gegen die dämmerig
blaue
Luft.

Im Hintergrund Hügel,
mit Gesträuch
und paar großen
Bäumen
bewachsen,

darüber
ein Abendstern.

Wil ist entzückt von Johannas spielerischem Umgang mit den Texten, der Johanna auch über manch schlaflose Stunde hinweghilft. Außerdem bekundet sie ihre Bereitschaft, sich an der Vorbereitung von Ausstellungen des brüderlichen Werkes zu beteiligen.

Am nächsten Morgen reist Wil wieder ab. Johanna wird sie vermissen.

Zum Glück war Vincent heute nicht mit auf dem Markt. Ein vielleicht drei- oder vierjähriges Kind ließ mich dort ein fassungsloses Staunen wiedererleben, das ich längst für vergessen hielt.
Seinen Augen war das Entsetzen anzusehen, mit dem es beobachtete, wie die Marktfrau, eine reife Person mit weit ausladenden Hüften, nach dem verzweifelt gackernden Huhn griff, das sich in den hintersten Winkel des Käfigs presste und dabei um Gnade zu flehen schien.
Mein Blick wanderte zwischen dem verschreckten Kind und der Frau hin und her, die – gänzlich kalt und teilnahmslos – dem aufgeregt flatternden Huhn mit einem trockenen Knacken den Hals umdrehte.
Ich beobachtete, wie das Kind gebannt die letzten Zuckungen des Tieres verfolgte, das immer langsamer werdende Flügelschlagen und wie das Tier zuletzt im Tod die Füße von sich streckte.
Anschließend der Geruch von Blut auf dem Boden. Doch da hatte der Kleine bereits den Kopf abgewandt und sah anderswohin.

Aus mehr als einem Grund hat Octave Maus darauf verzichtet, Johanna die Besprechungen der Brüsseler Vingtisten-Ausstellung vom vergangenen Monat zu schicken.

Dafür verschafft Hendrik Bonger sich in Amsterdam die entsprechenden Zeitungsausschnitte und bringt sie mit nach Bussum, wo er sie seiner Tochter mit einem selbstgefälligen Lächeln unter die Nase hält.

»Findest du nicht auch, dass man mit diesen Bildern besser den Ofen anheizen sollte?«, fragt er und lässt die Zeitungen auf dem großen Tisch der Villa Helma liegen.

In *L'Éventail* heißt es so linkisch wie boshaft: »Wollen diese abstoßenden Bilder uns am Ende sagen, dass es sich bei den gefürchteten Vingtisten in Wirklichkeit um Persönlichkeiten handelt, die aus dem Gleichgewicht geraten sind, ja zu epileptischen Anfällen neigen, wovon sie durch ihre großtuerische Maskerade bloß abzulenken versuchen?«

Noch grässlicher – und noch geschmackloser – drückt sich ein anderer Kritiker aus: »Der verstorbene Herr van Gogh dürfte sich im Grab umdrehen, könnte er sehen, wie die Leute vor seinen schrecklichen Bildern in haltloses Gelächter ausbrechen.«

Johanna weiß nicht, worüber sie sich mehr ärgern soll, über die abschätzigen Kritiken oder die Haltung ihres Vaters.

Sie schreibt einen Brief an Octave Maus, in dem sie sich zumindest bedankt und bittet, die nicht verkauften Gemälde und Zeichnungen zurückzuschicken.

Allem Gegenwind zum Trotz ist sie entschlossen,

weiterhin den Hinweisen zu folgen, die van Gogh selbst in seinen Briefen gibt, und feilt an einem entsprechenden Konzept.

Sie ist kurz davor, sich selbst ins Gefecht zu stürzen.

Sie wartet auf ein Zeichen.

Wil hat Johanna ein hektografiertes Exemplar der geheimen Feministinnen-Zeitung *La femme libre* in der Villa Helma zurückgelassen. Johanna schneidet einen Text daraus aus, der mit dem Pseudonym Lucy Tower unterzeichnet ist. Darin wird erklärt, wie eine Frau sich verhalten soll, wenn sie eine neue Aufgabe auf sozialem Gebiet in Angriff nehmen will: »Bloß keine falsche Furcht, aber ebenso wenig erwarten, dass sich der gewünschte Erfolg sogleich einstellt. Dauerhafter Erfolg benötigt Zeit. Zudem sollte eine Frau schon aus der Umsetzung der Aufgabe ihre Befriedigung gewinnen.«

Émile Bernard schreibt aus Paris. Wie er sagt, ist ihm »Verschiedenes dazwischengekommen« – eine seltsame Art, mir mitzuteilen, dass er sehr beschäftigt ist und einstweilen anderen Dingen den Vorzug gibt. Offensichtlich möchte er die Ausstellung in Paris auf nächstes Jahr verschieben.

Etwas anderes hätte er sich gern sparen können: Wie er zudem schreibt, hat jemand ihm berichtet, Doktor Rey habe das Porträt, das van Gogh von ihm gemalt hat, dazu benutzt, um ein Loch in einem Hühnerkäfig zu flicken!

Zum Glück nennt Bernard in dem Brief auch die Namen zweier Kritiker aus Den Haag und legt mir nachdrücklich einen möglichen Ausstellungsort ans Herz, den Künstlerverein Pulchri Studio.

Die Schwierigkeiten scheinen Johanna in ihrem Entschluss noch zu bestärken.

Der kleine Vincent hat nachts heftige Blähungen, die schlechten Besprechungen der Brüsseler Ausstellung, Bernards Brief, all dies wirbelt durch Johannas Kopf – und dennoch hat sie das Gefühl, es sei der Augenblick gekommen, van Goghs Werk der Welt zu präsentieren.

Jetzt oder nie.

Sie rechnet ihre Ersparnisse durch. Von den vierhundertfünfzig Zeichnungen, die aus Paris eingetroffen sind, wählt sie gerade einmal fünfzehn aus; sie stammen aus van Goghs erster Schaffenszeit in Den Haag.

Mehr ist vorerst nicht möglich. So muss sie bloß eine kleine Summe für die Rahmen ausgeben, und die Transportkosten bleiben relativ niedrig.

Selbst überrascht von ihrer plötzlichen Entschlossenheit, gibt sie die Leitung der Villa Helma für zwei Tage in Zuleicas Hände.

Sollte ich wenigstens einige der Zeichnungen verkaufen können, so werde ich das Geld für die weitere Bekanntmachung des Werks verwenden.
Es gilt, so viele Bilder wie möglich rahmen zu lassen. Diese Rahmen müssen so beschaffen sein, dass die Leuchtkraft der Farben noch verstärkt wird, wie van Gogh selbst es in seinen Briefen empfiehlt.
Damit wäre das erste Ziel erreicht.
Die Kritiker Rinus Neeskens und Ernst Rensenbrink waren entzückt über die Möglichkeit, eine Frau unterstützen zu können und zugleich erstmalig das Werk eines höchst verdienstvollen Malers aus der Versenkung zu holen. Sie waren

sehr liebenswürdig. Außerdem habe ich zu meiner Freude herausgefunden, dass der Künstlerverein Pulchri Studio von einer Frau geleitet wird.

Mit dem kleinen Vincent im Arm spaziert Johanna durch Den Haag. »Dem großen Optiker und Philosophen hätte so viel Prunk sicherlich nicht gefallen«, sagt Johanna laut zu sich selbst, als sie vor dem Spinoza-Denkmal am Grote Markt steht.

Später besichtigt sie auch das Mesdag-Panorama, ein etwa vierzehn Meter hohes Rundgemälde mit einem Umfang von einhundertzwanzig Metern, das den Strand und die Nordsee bei Scheveningen zeigt. Auch zehn Jahre nach der Eröffnung hat das Werk nichts von seinem Glanz verloren, findet Johanna.

Am Mittag trifft sie schließlich bei Pulchri Studio ein. Die Leiterin hat eine näselnde Stimme und große Augen. Sie ist um die fünfzig und weiß offensichtlich nicht, wem sie mehr Aufmerksamkeit schenken soll, dem kleinen Vincent, der munter durch die Ausstellungsräume flitzt, oder den von Johanna mitgebrachten Zeichnungen.

Johanna wickelt die ersten beiden Bilder aus dem Tuch: eine schwarze Kreidezeichnung von einem Mann mit Tonpfeife und verbundenem Auge und eine Mutter mit Kind in einem Augenblick inniger Zweisamkeit, angefertigt mit Kohle, Bleistift sowie Bister für die helleren Schattierungen.

Hierfür die geeignete Räumlichkeit zu finden scheint kein Problem zu sein.

Doch die Dame ist äußerst zurückhaltend, offensichtlich hat sie Schwierigkeiten zu begreifen, dass Johanna nicht die Witwe des vorgestellten Malers ist. Johanna erklärt es ihr zweimal, ist sich zuletzt aber trotzdem nicht sicher, ob die andere tatsächlich verstanden hat. Nach flüchtiger Durchsicht des schmalen Ordners mit den lobenden Besprechungen – Johanna hat die entscheidenden Stellen bereits angestrichen – ist die Dame jedenfalls davon überzeugt, dass alles seine Richtigkeit hat und die Bilder ausgestellt werden sollten.

Viel gefragt hat sie nicht. Wir haben einen Termin in der zweiten Dezemberhälfte festgelegt.
Natürlich ist das nicht ideal. Dann ist Winter, und Weihnachten steht vor der Tür. Andererseits muss es so sein: Eine große Reise beginnt mit einem kleinen Schritt, wie meine Großmutter immer sagte.

Über die Aufnahme dieser ersten Ausstellung van Goghs in Holland findet sich bloß ein einziger Eintrag in Johannas Tagebuch.

Die Sache bei Pulchri Studio ist gar nicht so schlecht verlaufen. Insgesamt wurden fünf Zeichnungen verkauft. Mit dem Geld dafür kann ich die Bilder für die nächste Ausstellung rahmen lassen. Außerdem gab es vier Besprechungen, allesamt lobend.
Vor allem jedoch erschien an einem der Tage Jan Toorop in Begleitung seiner Gattin Soleil.

Schon kurz nachdem sie die ersten Schritte zur Verbreitung von van Goghs Werk unternommen hat, stößt Johanna also auf neue Verbündete. Toorop und van Gogh haben sich zehn Jahre zuvor, in der Anfangszeit des Malers, kennengelernt. Zur Eröffnung der Ausstellung in Den Haag erscheint Toorop mit einer Jasminblüte im viel zu großen Aufschlag seines dunklen Anzugs. Er ist gerade von irgendwoher zurückgekehrt.

Jan Toorop kommt stets von irgendwelchen Reisen zurück. Eine elegante Erscheinung mit dunklem Teint, sorgfältig gekämmtem, schwarz gefärbtem Haar und einer gleichbleibend melancholischen Ausstrahlung. Nach dem tragischen Tod seiner kleinen Tochter hat ihm der berühmte Architekt Berlage ein Haus am Rande von Katwijk gebaut.

Johanna weiß sehr wohl, mit wem sie es zu tun hat. Sie weiß, dass Toorop auf Java geboren ist und ihm der Ruf eines Exzentrikers vorauseilt. Aber nicht nur das: Theo hat ihm einmal im Auftrag seiner Firma Bilder gezeigt. Johanna weiß noch genau, wie neugierig Theo auf Toorops Meinung über den Pointillismus war; vor allem aber war Theo neugierig auf Toorop selbst, der angeblich so ganz anders war als der Durchschnitt.

Toorop hat fast gleichzeitig von Theos Tod und der Ausstellung mit Vincents Bildern erfahren. Kaum glauben mag er allerdings, dass sich offenbar eine Frau um die Bekanntmachung von Vincents Werk kümmert.

In jedem Fall scheint er ernsthaft daran interessiert: Er kauft zwei Zeichnungen – einen melancholischen Akt und die Darstellung eines Wurzelgeflechts, der Johanna den Titel »Baumstudie« gegeben hat. Außerdem verspricht er, mit seiner Frau in die Villa Helma zu kommen, um das übrige Werk zu sichten.

Dort, in der Villa Helma, feiert man Vincents zweiten Geburtstag. Diesmal ist alles ganz anders als im Jahr zuvor. Damals lag Theo im Sterben, wovon auch der Festtag seines Sohnes gänzlich überschattet wurde.

Nun jedoch hat Johanna in sämtlichen Zimmern brennende Kerzenleuchter aufgestellt, die auch die Bilder in neuem Licht erstrahlen lassen. Und sie hat Räucherlachs zubereitet, auf drei verschiedene Arten: einmal mit einer Creme aus Erbsen und Porree, einmal mit kleinen Kartoffeln und überpudert mit süßlich duftendem spanischem Paprikapulver, einmal mit Champignons, Lauchzwiebeln und Weißwein.

Aus Utrecht ist ihre Schwester Karah gekommen, aus Paris André – ohne die Baronin –, außerdem zwei Ehepaare aus der Bussumer Nachbarschaft, die van der Horsts und die Reps.

So munter und ausgelassen ist es in der Villa Helma schon lange nicht mehr zugegangen.

Am nächsten Tag schläft Vincent bis spät am Vormittag, von all dem fröhlichen Trubel um ihn völlig erschöpft.

Als Toorop am Samstagmorgen mit seiner Frau hier ankam, um das Wochenende bei uns zu verbringen, hatte er gleich zu Beginn einen sehr eigenwilligen Auftritt: Beim Anblick der Flut von Bildern an allen Wänden stand er eine Weile lang da wie angewurzelt, mucksmäuschenstill, um sodann in wildes Gelächter auszubrechen.

Ein unbändiges Lachen, wie ein Kind es anstimmt, wenn es in den Wald hineinrennt. Er war offenkundig vollkommen überwältigt von so viel Maßlosigkeit und Farbenpracht.

Wie dem auch sei, am Sonntagabend hatte Toorop in seinem Notizheft bereits eine Übersicht über die verschiedenen Schaffensphasen angelegt, die van Gogh in seinem atemlosen Künstlerleben durchlaufen hatte: die Kohle- und Kreidezeichnungen aus der Zeit seiner Anfänge, die dunklen Ölgemälde im Stil der Kartoffelesser, die Tuschzeichnungen aus Drenthe, die Küstenlandschaften aus Scheveningen, die kräftigen Zeichnungen aus Antwerpen, seine Entdeckung der japanischen Farbholzschnitte und all der anderen Schulen und Stile, denen er in Frankreich begegnete, bis er irgendwann niemand anderem mehr ähnelte als sich selbst.

Besonders angetan hatten es Toorop die Werke aus van Goghs Übergangszeiten, wenn seine Malweise zunehmend sicherer geworden war und kurz vor einer neuerlichen Wandlung stand.

»Diese plötzlichen Richtungsänderungen haben etwas Geniales«, hatte Toorop ergriffen gesagt.

Was die Erfolgsaussichten angeht, zeigte Toorop sich durchaus realistisch, schließlich weiß er nur zu gut, wie spannungsreich und sprunghaft das Geschäft mit der Kunst häufig verläuft.
»Erst wenn man sich damit auf den Markt wagt, wird man den wahren Preis dieser Bilder bestimmen können«, hat er gesagt, als wir endlich auf mögliche Zahlen zu sprechen kamen.
Soleil, Toorops Frau, war sehr freundlich und auffällig still. Man merkt ihr an, dass das große Leid, das sie erfahren musste, sie der Welt ein wenig entfremdet hat.
Ich glaube, sie hat sich mit östlicher Philosophie beschäftigt. Ein Ausspruch von ihr hat sich mir wohl für immer

eingeprägt: »Stünde jeder Stil für ein Leben, hätte van Gogh in gerade einmal zehn Jahren wenigstens acht verschiedene Leben durchlebt.« Dieser Gedanke geistert mir seither im Kopf herum.
Großzügig haben sie versprochen, mir bei der Durchführung künftiger Ausstellungen zu helfen.

Johanna verbringt eine ganze schlaflose Nacht mit der Arbeit an den Briefen. Verschiedene Stellen streicht sie mit Bleistift an. »Bleibe daher bei deinen eigenen Ideen, und wenn du zweifelst, ob sie wohl gut seien, dann vergleiche sie mit denen von ihm, der sagen durfte: ›Ich bin die Wahrheit‹«, rät van Gogh seinem Bruder in der Anfangszeit ihrer Korrespondenz, tiefschürfend und ganz im unverwechselbaren Tonfall des älteren Bruders.

»Ich versuche, gesund zu werden, wie einer, der sich töten wollte, aber das Wasser zu kalt findet und nun das Ufer zu erreichen sucht«, heißt es zum Ende hin – einer dieser Sätze, die Theo derart beunruhigten, dass es ihm fast den Verstand raubte.

Johanna lässt den Blick auf einer Gruppe von Wolken am frühen Morgenhimmel ruhen. Von unten ragt die Krone eines Obstbaums in den Fensterausschnitt. Auf einmal glaubt sie, einen dieser japanischen Holzdrucke vor sich zu sehen.

Dann erinnert sie sich an das Gemälde mit mehreren Zypressen vor einem tiefen Himmel, das über dem Kopfende ihres Bettes hängt. Und sie stellt fest, dass sie den Fensterausschnitt wahrnimmt, als wäre er ein von ihrem Schwager gemaltes Bild. Daraufhin legt sie sich ins Bett und schläft doch noch ein.

Als sie die Lektüre später fortsetzt, vom kurzen Schlaf nicht recht erholt und in entsprechend schlechter Stimmung, kommt ihr unversehens ein ganz anderer Tonfall aus den Briefen entgegen: »Wie oft muss ich doch an dich denken, und dann bitte ich den Herrn, er möge mein Werk gut und anregend und eines Mannes würdig geraten lassen, auf dass du bald einmal Befriedigung daraus ziehen kannst«, schreibt van Gogh an Theo 1882 aus Den Haag.

»Eines Mannes würdig«, sagt sich Johanna. »Eines Mannes würdig«, liest sie noch einmal und legt den Brief zur Seite. Mit Mühe unterdrückt sie das Verlangen, ihn zu zerreißen.

Genauso war es – jetzt kann ich es sogar fast ohne Traurigkeit äußern: Theos wirkliche große Liebe war sein Bruder. Weder mein Sohn noch ich haben daran etwas ändern können. Es verlange jedoch niemand von mir, eine bedingungslose Liebe wie diese zu verstehen, eine Liebe, die beide in den Tod gerissen hat.
Heute werde ich auf den Friedhof gehen. Und ich werde Erleichterung verspüren.
Noch ist es dafür zu früh – jetzt wäre es völlig unangemessen –, aber ich werde Theo versprechen, ihn eines Tages auf dem Friedhof von Auvers neben seinem Bruder beerdigen zu lassen.
Vincent ist einem Ball hinterhergelaufen und hingefallen. Ich habe ihm gleich wieder aufgeholfen. Er hatte sich das Knie aufgeschürft. Ich bin neben ihm in die Hocke gegangen und habe versucht, ihn abzulenken.
Ich habe mich umgesehen und ihm ein Segelschiff gezeigt,

das in der Ferne im Morgennebel kreuzte wie eine Erscheinung aus einem Traum. Und auf einmal befand ich mich mitten in Vincents Welt. Gemeinsam folgten unsere Augen dem langsam vorüberziehenden Schiff. Und während ich so neben meinem Sohn hockte, war die Welt für mich plötzlich so groß wie für ihn.
Dann stand ich wieder auf und sagte im Tonfall eines Vaters, er solle aufhören zu jammern, der Schmerz sei gleich vorbei. Da hörte er auf zu weinen.

Johanna van Gogh-Bongers Leben nimmt Fahrt auf. Das Ehepaar Toorop kehrt in die Villa Helma zurück, um sein Versprechen einzulösen. Jan, auf einmal ganz der versierte Geschäftsmann, erzählt, er habe in Amsterdam vorgesprochen, und fragt Johanna, was sie davon halte, im Februar zwei Ausstellungen zu veranstalten: eine, mit zehn Gemälden und zwölf Zeichnungen, in der Kunsthandlung Buffa, die andere, nur mit Zeichnungen, in der Kunstgesellschaft Arti et Amicitiae.

Zwei, wenn auch kleine, Ausstellungen zur selben Zeit könnten von der Presse nicht ignoriert werden, versichert er.

Ohne auch nur eine Sekunde zu überlegen, erklärt sich Johanna einverstanden und macht sich an die Arbeit.

Sobald Vincent seinen Mittagsschlaf hält, beginnt sie die Bilder zu ordnen. Keine leichte Aufgabe.

Während draußen schon früh die Winterdämmerung einsetzt, steht Johanna irgendwann versunken vor der Darstellung einer »Gartenecke mit kugligen Büschen und einer Trauerweide, im Hintergrund Büschel von rotblühendem Lorbeer« und hat das Gefühl, derjenige, der diese Pinselstriche auf der Leinwand hinterlassen hat, habe sich gerade erst von seinem Werk entfernt.

Später bleibt ihr Blick an den Augen eines der Selbstporträts von van Gogh hängen. Es stammt aus der Zeit, kurz nachdem er sein Ohr verstümmelt hatte.

Er trägt eine Pelzkappe, und der Verband lenkt den Blick des Betrachters nur umso mehr auf das, was in der Tiefe jener Augen vor sich geht.

Auf einmal wird Johanna von Angst befallen. Um das Gefühl abzuschütteln, geht sie hinaus und unternimmt einen langen Spaziergang.

10

Nach einem strengen Winter sprießt und gedeiht es in Bussum überall. Wer ein wenig Zeit zum Beobachten hat, entdeckt an allem einen ganz eigenen Glanz.

Johanna holt unterdessen aus zwei großen, nach Kampfer und Lavendel duftenden Koffern mehrere lange nicht getragene Kleider.

Für den bevorstehenden Nachmittag entscheidet sie sich für ein einfaches Kleid aus schottischem Tweed, das eine Schulter frei lässt. Sie probiert es vor dem Spiegel in der Umkleidekammer an – nicht schlecht.

Der Mann war mit einer neuartigen Erfindung der Herren Panhard und Levassor in Bussum eingetroffen: ein Wagen mit Benzinmotor, in dem vier Personen sitzen und ohne die Hilfe von Pferden durch die Welt reisen können.

Beim Aussteigen streckte er die langen Beine und strich sich den cremefarbenen Frühlingsanzug glatt.

Ich war beeindruckt, mit welch selbstverständlicher Gelassenheit er sich durch die Welt bewegte.
Um einen Vertreter konnte es sich nicht handeln, schließlich musterte er mich nicht von Kopf bis Fuß. Auch nicht um

einen reichen Erben, er trug weder eine dicke Goldkette noch lauter Ringe an den Fingern.
Entschlossen, aber auch ein wenig verstohlen, sympathisch und zugleich geheimnisvoll, betrat er die Villa Helma.
Wie ein Journalist sah er nicht aus – er war elegant und korrekt gekleidet. Ein Arzt vielleicht? Wohl kaum, er benahm sich wohlerzogen und höflich. Ein Angestellter konnte er ebenfalls nicht sein, er machte nicht den Eindruck, als ließe er sich von irgendjemandem Anweisungen geben. Ebenso wenig Schriftsteller – er trug weder eine Brille noch Bücher unterm Arm. Und schon gar kein Soldat, dafür fehlte ihm die vom vielen Befehleerteilen oder -entgegennehmen gepresste Stimme.

Laut und deutlich verkündete er, er heiße Clément Roman und sei Kunsthändler und er habe die Ausstellung in Den Haag gesehen, wo man ihm auch von der Villa Helma erzählt habe.

Mir war sehr bald klar, dass er es mehr auf junge Witwen als auf südfranzösische Landschaften abgesehen hatte. Vielleicht auch auf beides zugleich.
Anschließend erklärte er, er wolle gegen Abend erneut vorbeikommen, um die Bilder, von denen ihm die Leute aus Bussum so viel berichtet hätten, noch einmal bei anderem Licht betrachten zu können.
Dabei sah er mir lange in die Augen.

Kurz vor Sonnenuntergang kehrte der Mann tatsächlich zurück. Der Kleine war gerade auf einem seiner ausgedehnten Besuche bei der Nachbarsfamilie van der Horst.

Clément Roman nahm dankbar ein Glas Weißwein an und ließ sich die Bilder zeigen. Dabei machte er, wie jeder Verführer, lauter mehrdeutige Bemerkungen.

Er heftete den Blick auf die Spitzen an meinem Ausschnitt. Doch als ich gerade anfing, mich unwohl zu fühlen, ging er ein wenig auf Abstand, und ich ließ mich meinerseits immer mehr auf das behutsame Vorgehen von Monsieur Roman ein.

Nachdem Johanna ihrem Besucher klargemacht hat, dass weder die blühenden Mandelzweige noch die ausgetretenen Arme-Leute-Schuhe zu verkaufen sind, erzählt sie von einer Reihe feiner Zeichnungen, die der Markt gewiss ohne größere Schwierigkeiten aufnehmen werde – mit den gewagteren Dingen empfehle es sich dagegen vorerst noch zu warten.

»Die gewagteren Dinge«, wiederholt Clément Roman neugierig. Offensichtlich reizen ihn die Werke, die Johanna van Gogh-Bonger nicht verkaufen will, wesentlich mehr.

Schließlich kamen wir zu den Bildern, die einen Platz im Museum verdienen.
Als ich ihm zuletzt die Reihe der Sonnenblumen über meinem Bett zeigte, geriet er regelrecht in Begeisterung.
Woraufhin ich zuließ, dass er einen Kuss auf meine Lippen einer jungen Witwe drückte.
Er wollte noch ein wenig weitergehen, aber es war nicht der Augenblick dafür.

Johanna lädt Clément Roman zu den beiden Ausstellungen in Amsterdam ein.

Sonntagabend in Amsterdam, spät. Beide Ausstellungen sind rasch vorbeigegangen, vorhin habe ich noch ein letztes Mal mit den Toorops angestoßen.
Es hat einen ziemlichen Wirbel um die Werke meines Schwagers gegeben, mehr als ich dachte. Vier Gemälde und sechs Zeichnungen wurden verkauft, zu sehr guten Preisen. Außerdem gab es acht lobende Besprechungen unterschiedlicher Kritiker.

Zum ersten Mal muss Johanna auch zwei Interviews über sich ergehen lassen. Die Journalisten haben ihre nahezu identischen Fragen offensichtlich gut vorbereitet. Was sie am meisten reizt, das merkt Johanna schon bald, sind Einzelheiten aus dem tragischen Leben van Goghs.

Dass sie es mit einem von der Welt vergessenen Künstler mit mystischen Neigungen und verrückten Anwandlungen zu tun haben, der sich nach den Frauen verzehrte und sich eine Kugel in die Brust schoss, als er genug von der Armut hatte, entzückt alle gleichermaßen.

»Als hätte er mit seinem Dahinscheiden das Tuch von seinem Werk ziehen wollen, um es in umso hellerem Glanz erstrahlen zu lassen«, wird einer von ihnen später schreiben – Journalisten lieben es, stimmige, in sich abgeschlossene Geschichten zu präsentieren.

All diese Besprechungen und Berichte zeigen Wirkung, und das Schicksal der Bilder des vergessenen Malers Vincent van Gogh nimmt eine neue Wendung.

Am letzten Abend der Ausstellung in der Kunsthandlung

Buffa stellt sich Johanna ein gewisser Joseph Sneijder vor, von der Rotterdamer Galerie Oldenzeel.

Während sie mit ihm durch die Ausstellung geht, sagt der Mann beiläufig, ein Maler, der bei ihnen habe ausstellen sollen, habe nicht rechtzeitig geliefert, und so sei in der Galerie nun eine gewisse Zeit lang Platz für etwas anderes.

Johanna bleibt ruhig, denn sie weiß inzwischen, dass Verhandlungen in der Welt der Kunst immer etwas von einer Theateraufführung haben, handelt es sich dabei doch, wenn man so will, um die Abstraktion einer Abstraktion.

»Der große Ausstellungssaal, genau genommen – zwanzig Gemälde und zwanzig Zeichnungen, damit wäre er perfekt bestückt«, überschlägt Sneijder auf die Schnelle.

Natürlich willigt Johanna ein, obwohl sie weiß, dass sie weder zwanzig gerahmte Bilder hat noch das Geld, um sie rahmen zu lassen – ein Problem, das sie in Windeseile wird lösen müssen. Ohne langes Zögern sagt sie zu.

Als sie zu dem Porträt von Eugène Boch kommen und der Rotterdamer Kunsthändler davor stehen bleibt, hört Johanna sich zu ihrer eigenen Überraschung sagen: »Kobalt ist eine göttliche Farbe, und keine andere ist so gut, um Luft um die Dinge zu bringen.«

Den Satz – einen der vielen, die sich ihr eingeprägt haben – hat Johanna aus einem der Briefe van Goghs.

Auch Joseph Sneijder kann sich der Anziehungskraft dieser Frau nicht ganz entziehen.

Der kleine Vincent, der mehr und mehr Zeit und Aufmerksamkeit braucht, die Auswahl der Bilder, die sie niemand anderem überlassen möchte, die sich immer zahlreicher einfindenden Pensionsgäste – all das veranlasst Johanna, sich erneut um Unterstützung an Wil zu wenden. Und die stellt sich umgehend in der Villa Helma ein. Schließlich kann die Schwester der Brüder van Gogh nicht anders als reagieren, wenn Herausforderungen wie diese auftauchen.

Gleich am Abend ihrer Ankunft holen Johanna und sie etwas nach, worum sich schon Theo hätte kümmern sollen: Sie sorgen dafür, dass das Bild von den Kartoffelessern mit einem passenden Rahmen ausgestattet wird.

Wie van Gogh in einem Brief aus Nuenen geschrieben hatte, »ist dies ein Bild, das sich in einem Goldrahmen gut macht, das weiß ich sicher. Es würde sich jedoch ebenso gut auf einer Wand machen, die mit einer Tapete von dem tiefen Ton reifen Korns bedeckt wäre. Auf einem dunklen Grund kommt es nicht zur Geltung und besonders nicht gegen einen fahlen Fond, und zwar deshalb, weil es ein Blick in ein sehr graues Interieur ist.«

Wie konnte Theo es da auf einer schwarzen Holzplatte anbringen? Sie wählen einen Rahmen aus und lassen ihn golden streichen. Die beiden Frauen sind begeistert: Mit dieser neuen Umrandung gewinnt das Gemälde an dramatischer Tiefe, Ausdruckskraft und Präsenz. Es ist, als hätten sie ein anderes Bild vor sich.

Auch die gemeinsame Lektüre von van Goghs Briefen schweißt Johanna und Wil immer enger zusammen.

Wil erinnert sich daran, wie ihr Bruder als junger Mann einmal Unterricht bei einem alten Organisten aus Eindhoven nahm.

Die Sache war bald wieder vorbei. Dass van Gogh

ständig die Noten mit Farben verglich, war für den Musiker auf Dauer schwer zu ertragen. Das Cis verband sich für ihn mit Preußischblau, das Fes mit Ockergelb. »Leicht verstört bat ihn der Mann irgendwann, nicht mehr zu kommen«, erzählt Wil.

Sie gesteht Johanna auch, dass van Gogh sie nicht gern mit einem Buch in der Hand sah. Gequält habe er ihr dann jedes Mal geraten, sich von der Philosophie fernzuhalten und stattdessen rauszugehen und sich zu vergnügen.

»Ich würde nur an einen Gott glauben, der zu tanzen verstünde«, habe er bei solchen Gelegenheiten Nietzsche zitiert, als handelte es sich um einen guten Freund.

Für Johanna sind dies erlebnisreiche Tage. Sie lernt nahezu gleichzeitig, die verschiedensten Rollen zu übernehmen: die der jungen Witwe, der alleinerziehenden Mutter, der Pensionsbetreiberin sowie die einer frisch gebackenen Kunsthändlerin, die entschlossen antritt, das Werk Vincent van Goghs in der Welt bekannt zu machen.

Ohne die Hilfe von Zuleica wäre dies alles unmöglich.
Am schlimmsten ist es, wenn unvorhergesehene Kosten auftreten, für Reparaturarbeiten am Haus zum Beispiel oder für den Gärtner, der die Weiden stutzen muss, die ursprünglich zur Befestigung des Kanalufers angepflanzt worden sind. Mehrere davon neigen sich inzwischen gefährlich weit übers Wasser.
Mein bescheidener Etat schmilzt durch so etwas in Windeseile dahin.

Erneut besucht Clément Roman die Villa Helma. Das Schicksal will es, dass der kleine Vincent an diesem Tag bei den Großeltern in Amsterdam ist.

Johanna lädt ihren Besucher zum Mittagessen ein.

Noch vor dem Ende des Hauptgangs steht Clément auf, stellt sich hinter Johannas Stuhl, legt zunächst die Hände auf ihre Schultern und beginnt dann, ohne einen einzigen Kuss, mit so ungeschickten wie erfahrenen Händen ihr langärmeliges Kleid aufzuknöpfen. Danach löst er, immer heftiger erregt, die Bänder ihres schwarzen Spitzenunterrocks, bedeutet ihr, aufzustehen, hebt beinahe schon rasend ihr Kleid an, zieht ihr den Schlüpfer hinunter, und noch bevor Johanna ganz begreift, wie ihr geschieht, dringt er von hinten in sie ein. Glücklich lässt sie ihn gewähren.

Alles geschah ganz ohne nachzudenken. Auf einmal hatte ich das Gefühl, nur noch blitzendes, spiegelndes Wasser zu sein. Als ich bereits den tiefsten Grund der Lust erreicht zu haben glaubte, löste er gebieterisch mein Haar, wirbelte es durcheinander und gab mir wortlos zu verstehen, ich solle es hin und her schwenken – im Licht des frühen Nachmittags verwandelte mein Haar sich in einen wild bewegten Vorhang.
Bevor er ging, kaufte er zwei Bilder.
Als ich wieder allein war, nahm ich ein heißes Bad.

Zu ihrer Überraschung trifft Johanna bei der Ausstellungseröffnung in der Rotterdamer Galerie Oldenzeel auf ihre Schwägerin Elisabeth, die mittlere der drei Van-Gogh-Schwestern.

Sie ist ihrer Mutter wie aus dem Gesicht geschnitten.
Sie benötigte gerade einmal eine Viertelstunde, um die je zwanzig Bilder und Zeichnungen ihres Bruders in Augenschein zu nehmen. Offenkundig war sie nur erschienen, um ihrer Familienpflicht Genüge zu tun. Als sie ihren Neffen begrüßte, wollte der nicht eine Minute lang in ihren Armen bleiben.
Wir wussten beide nicht recht, worüber wir uns unterhalten sollten.
Obwohl mir bekannt ist, dass ihr nichts so wichtig ist wie die Religion, nahm ich meinen Mut zusammen, sah ihr fest in die Augen und fragte, ob sie wisse, was aus den Bildern aus Nuenen geworden sei, die van Gogh der Obhut seiner Mutter überlassen hatte.

»Die sind, glaube ich, in der Werkstatt eines Schreiners in Breda. Der Mann heißt Schrouwer«, erklärt Elisabeth van Gogh. Mehr kann sie dazu nicht sagen.

Erst ganz am Ende der Unterhaltung erkundigt Johanna sich aus Pflichtgefühl nach der Gesundheit von Elisabeths Mutter.

»Seit ihrem letzten Unfall leidet sie unter ständigen Hüftschmerzen«, lautet Elisabeths Antwort.

Was andere mir berichtet haben, davon sagt sie nichts: Sie führt lautstark Unterhaltungen mit ihren verstorbenen Söhnen.
Und sie bewegt sich kaum noch von der Stelle.

Clément Roman, der nahezu Unbekannte, der nie eine Frage stellt, kommt wieder. Diesmal in einer Mietdroschke und nicht in dem lärmenden Motorfahrzeug, das für Johannas Geschmack – und für den des ganzen Ortes – allzu großes Aufsehen erregt.

Er trifft spät am Abend ein und klopft an der Vordertür der Villa Helma. Da der kleine Vincent im Zimmer nebenan schläft, können die beiden sich nicht so lautstark der Lust hingeben wie beim ersten Mal, doch es geht auch schweigend.

Johanna gewinnt die Herrschaft über ihren Körper zurück, nach langer Zeit bemächtigt sie sich seiner wieder.

Nachts, aber nur nachts, entzünde ich in meinem Zimmer manchmal einen, höchstens zwei Beedies.
Das sind kurze dünne Zigaretten aus Indien. Sie bestehen aus einem aufgerollten Tabakblatt, das auf orientalisch schlichte Weise von einem hellblauen Faden zusammengehalten wird. Beim Rauchen gehen sie immer wieder aus. Dafür hinterlassen sie am Gaumen einen lang anhaltenden sehnsuchtsvollen Geschmack.

Eine Bemerkung van Goghs über die Wechselwirkung der Farben, die sie in einem seiner Briefe aus Arles gelesen hat, beschäftigt sie mehrere Tage: »Ein Rotgrau, verhältnismäßig wenig rot, wird, je nachdem was für Farben danebenstehen, mehr oder weniger rot scheinen. Und so ist es mit Blau und ebenfalls mit Gelb. Man hat nur ganz wenig Gelb in eine Farbe zu tun, um sie sehr gelb wirken zu lassen, wenn man diese Farbe zwischen oder neben violette oder lila Töne setzt.«

Johanna beschließt, die Ausstattung der Villa Helma

zu verbessern, und kauft Geschirr in unterschiedlichsten Farbtönen.

Ein schöner safrangelber Reis darf ruhig in einer dunkelvioletten oder blauen Schüssel serviert werden, und eine goldbraun gebratene Entenbrust kann nur gewinnen, wenn sie auf einer leuchtend grünen Platte liegt.
Einem einfachen hellgelben Kartoffelpüree wiederum steht es gut an, wenn man es etwa in einer granatroten Schüssel auf den Tisch stellt.
All das wird dazu beitragen, noch mehr Leute in die Villa Helma zu locken.

II

Am Ende des Tages ist Johanna sehr erschöpft. Nachts wälzt sie sich, ohne Clément Roman, schlaflos im Bett.

Der Wirbel um die Bilder ihres Schwagers nimmt immer mehr zu. Johanna fragt sich besorgt, wann sie sich einfach vom Schwung der Ereignisse mitreißen lassen und wann sie selbst die Entscheidungen treffen soll.

Sie kommt nicht zur Ruhe. Um sich nicht noch mehr in ihren Gedanken zu verstricken, steht sie auf und bereitet sich einen Tee. Es ist zwei Uhr morgens, und sie trägt Entwürfe und Termine in ein neues Heft mit der Aufschrift *Werk van Goghs* ein. Auf dessen Seiten umreißt sie ihr weiteres Vorgehen, es ist schon jetzt voller Anmerkungen und Notizen für Künftiges.

Ihr eigenes Tagebuch vernachlässigt sie darüber, obwohl sie weiß, dass sie damit einen wichtigen Bezugspunkt verliert, die Möglichkeit, sich selbst immer wieder anders zu denken.

Jetzt, wo die Dinge ein so schwindelerregendes Tempo aufnehmen, franst Johannas Tagebuch gewissermaßen aus. Ihre Aufmerksamkeit scheint nur mehr aufs Nächstliegende gerichtet, als vertraute sie insgeheim darauf, dass irgendwo ein Unbekannter die Zügel in der Hand hält und sie bloß den vorgegebenen Rhythmus einzuhalten braucht, damit nichts aus dem Ruder läuft.

Für die Bewohner Bussums ist es ein seltsamer Anblick: eine elegante Frau in einem granatroten Kleid mit bestickten Schultern und einem ausgefallenen Hut mit je einer Orchidee zu beiden Seiten, die wie ein gewöhnlicher Lastenträger Bilder vom Bahnhof zu sich nach Hause schleppt.

Gut möglich auch, dass der kleine Vincent, wenn er sich später einmal die früheste Erinnerung an seine Mutter ins Gedächtnis ruft, eine Frau vor sich sieht, die mit hastig gerahmten Leinwänden zwischen der Villa Helma und der Bahnstation von Bussum hin und her eilt.

Seltsam: So viel Anstrengung die Dinge auch verlangen, scheinen sie zugleich doch wie von selbst ihren Lauf zu nehmen. Immer neue Ausstellungen kommen zustande, eine nach der anderen.
Innerhalb von nicht einmal zehn Monaten sechs Präsentationen in drei verschiedenen Städten.
Ich darf darüber mein Tagebuch nicht vergessen. Schreiben hilft mir, den richtigen Abstand beizubehalten, sodass mir niemand zu nahe kommen kann.
Nur den kleinen Vincent darf ich bei alldem auf keinen Fall vernachlässigen.

Beim Aufwachen findet Johanna wieder einmal ihren kleinen Sohn neben sich im Bett vor, im Morgengrauen hat er sich klammheimlich zu ihr ins Zimmer geschlichen.

Am Nachmittag ergreift Johanna mit Zuleicas Unterstützung Maßnahmen: Sie hängt einen Vorhang zum

Fernhalten böser Winde in ihren Türrahmen. Der Vorhang besteht aus lauter Muscheln, deren Geklapper sie wecken wird, bevor Vincent zu ihr ins Bett krabbeln kann. Nun ist es vorbei mit dem morgendlichen Überraschungen.

Sie liest die aufwühlenden Mitteilungen van Goghs an Theo aus der Heilanstalt in Saint-Rémy-de-Provence. Anschließend ruht ihr Blick lange Zeit auf der Studie einiger Hafenarbeiter in Arles.

Diese Sehnsucht nach dem fahlen Gelb des Abendlichts, in dem es sich so gut trinken ließ …

Wie ein zorniger Turner oder Monet, der zu viel Absinth intus hat und den Pinsel sich selbst überlässt, ihm ein Eigenleben zugesteht.

Beinahe eine halbe Stunde lang habe ich das Bild angesehen.
Die Landschaft wirkt so leicht und schwerelos, als hielte der Maler sie in seinen Armen.
Van Gogh drängt es zur Farbe, zur Malerei, wie das Wasser dem Abfluss entgegenstrebt.

Auch nach der gescheiterten Pariser Ausstellung gibt Émile Bernard sich nicht geschlagen. In einem Brief wendet er sich an Johanna und lobt die gute Arbeit, die sie in Holland für das Werk ihres Schwagers leistet. Außerdem berichtet er von einer Idee, die ihm seit einiger Zeit durch den Kopf geht: Er überlegt, einen Teil seines Briefwechsels mit van Gogh im *Mercure de France* zu veröffentlichen.

Johanna ist in diesen Tagen mit einem ähnlichen Plan beschäftigt, weshalb sie Bernard antwortet, sie finde seine Idee großartig.

Vielleicht plaudere ich hier wieder einmal voreilig etwas aus, aber ich selbst habe bereits seit Längerem vor, die Briefe an Theo bekannt zu machen. Sobald sich die Gelegenheit zu einer großen Ausstellung ergibt, werde ich dort neben Bildern und Zeichnungen auch einige Briefe zeigen.
Van Goghs theoretische Überlegungen. Damit die Leute erkennen, dass jedem seiner Pinselstriche eine sprachliche Formulierung zugrunde liegt.

In der folgenden Nacht lässt Johanna nicht zu, dass Clément Roman bei ihren erotischen Unternehmungen das Tempo vorgibt. Diesmal ist sie diejenige, von der – spielerisch – die Anregungen ausgehen.

Zuerst habe ich ihn so lange bei meiner Brustwarze verweilen lassen, wie ich es wollte.
Dann befahl ich ihm geradezu, wenn auch in bittendem Tonfall, ausgiebig meinen Hals zu küssen.
Und dann wieder die Brustwarze, und immer so fort, bis mein ganzer Körper entbrannte.

Gleich am nächsten Tag erscheint Clément wiederum unangekündigt in der Villa Helma. Seit sechs Monaten sehen sie sich jetzt in unregelmäßigen Abständen, ihre flüchtigen Absprachen halten das Begehren wach, mehr als die Übereinstimmung ihrer Körper verbindet sie jedoch bislang nicht.

Vielleicht weil die Sache für ihn allmählich eine andere Gestalt annimmt, womöglich aber auch weil er sich zu einem unsinnigen Männerwettstreit herausgefordert fühlt, jedenfalls hat Clément Roman – als wolle er der großen

Unterstützung, die Johanna in der letzten Zeit durch Jan Toorop und Émile Bernard erfahren hat, etwas entgegenhalten – diesmal eine Neuigkeit mitzuteilen.

Als wäre nicht das Geringste dabei, verkündet er seiner Geliebten großmännisch, er habe von Mitte Dezember bis Anfang Februar den großen »Kunstzaal Panorama« in Amsterdam für sie reservieren lassen. Johanna kann es nicht glauben.

Fast fünfundfünfzig Tage im Panorama, allein für das Werk van Goghs.
Die Länge der Zeitspanne ergibt sich auch durch die vielen Feiertagen zwischen den Jahren. Die Veranstalter haben mich jedenfalls wissen lassen, dass sie sich freuen, das alte Jahr mit van Goghs Bildern enden und das neue wiederum mit ihnen beginnen zu lassen.
Um die Einladung der Kritiker kümmern sie sich selbst. Ich soll mir dagegen schon einmal Gedanken über die Höhe der Preise machen – im Panorama wird angeblich immer mindestens ein Fünftel der ausgestellten Werke verkauft.

Nur zu bestimmten Zeiten seines Lebens ist ein Mensch imstande, mit demselben Geschick so viele unterschiedliche Dinge zugleich voranzutreiben. Johanna durchlebt gerade eine solche Phase, alles geht ihr leicht von der Hand, der Morgen verfliegt im Nu, die Lilien in der Vase sind aufgeblüht, alles fügt sich ineinander.

Ein harmloses Frauentreffen mit Tee und Streichmusik, zu dem Wil für diesen Nachmittag in die Villa Helma eingeladen hat, ist der ideale Vorwand für ebendiese Frauen, um ohne störende Mithörer über ihr künftiges

Schicksal und ihren Platz in der Welt debattieren zu können.

Johanna schließt dabei Bekanntschaft mit Henriette Roland Holst. Henriette ist Anfang zwanzig und nicht gerade mit Schönheit gesegnet – eine unförmige Nase sitzt ihr wie ein Fremdkörper im Gesicht –, dafür hat sie den durchdringenden Blick eines Menschen, der weiß, wie man einen Aufstand anführt.

Sie hat bereits Gedichte veröffentlicht. Johanna hat sie gelesen und erkennt ihren Wert an, traut deren Verfasserin aber noch Besseres zu. Henriettes frisch geweckte Begeisterung für den Sozialismus und die Befreiung der Frau ist verantwortlich dafür, dass ihr zeitweilig die Zügel entgleiten.

Die Bilder van Goghs machen ihr großen Eindruck. Umso verdutzter ist sie, als Johanna fragt, ob sie nicht Lust hätte, einen Text für die Ausstellung im Kunstzaal Panorama zu verfassen.

Am liebsten würde sie sogleich aufstehen und die Versammlung der Frauenrechtlerinnen verlassen, noch bevor die ihre Beschlüsse formuliert hat. Es drängt sie, die Unterlagen zu studieren, die Johanna ihr übergeben hat, ein ganzes Album voll mit Kritiken zu van Goghs Werk – auch die besonders boshaften sind darunter – und dazu einige seiner Briefe.

Genau drei Tage später erscheint die Dichterin Henriette Roland Holst erneut in der Villa Helma. Sie hat einen Text dabei.

»Der deutsche Künstler Wilhelm von Gloeden, der sich vor einigen Jahren aus gesundheitlichen Gründen im sizilianischen Taormina niedergelassen hat, ist dort zu einem Spezialisten für die Arbeit mit natürlichem Licht und die Darstellung antiker Szenerien geworden. Mithilfe seiner in Sekundenschnelle auf lichtempfindliche Platten gebannten Bilder glaubt man sich in die Zeiten eines Homer zurückversetzt.

Doch von Gloeden ist nicht der Einzige, soll heißen: Die neuen Möglichkeiten der Fotografie zwingen die Maler immer stärker dazu, über ihre Kunst nachzudenken. Und wenn dieses Nachdenken erst weite Kreise erfasst haben wird, wird kein Weg mehr an der Beschäftigung mit den Werken Vincent van Goghs vorbeiführen.

Van Gogh war und ist der gegenwärtigste aller Maler, und er wird dies womöglich auch in der Zukunft sein. Er arbeitet mit den der Farbe selbst innewohnenden Ausdrucksmöglichkeiten, mit der Dichte der Formen, ihrem innersten Beben.

Man täusche sich jedoch nicht – van Gogh erhoffte sich durch den Bruch mit dem Überkommenen keine Erleichterung, seine Malerei richtete sich nicht gegen irgendwelche bestehenden Schulen. Ihm ging es einzig darum, die in den Dingen strömende Lebensenergie sichtbar zu machen.

Als vom Glauben beseelter Mensch vertraute er allem, was sich seinem Blick zeigte, den Farben, dem weißen Grund der Leinwand, und so ließ er in schwindelerregendem Tempo die bloße Bespiegelung seiner selbst hinter sich.«

Dies sei bloß der Anfang, erklärt Henriette.

Johanna sagt sich, vielleicht brauche der Text nur aus Schüchternheit so lange, bis er zum eigentlichen Thema vordringt, und auch dann verstecke er sich noch gelegentlich hinter wolkigen Formulierungen.

Trotzdem findet sie ihn gar nicht schlecht. »Schön, vielleicht können wir das Ganze noch ein wenig straffen«, sagt sie so aufmunternd wie nur möglich.

Johanna und Henriette gelangen mühelos zu folgender Vereinbarung: Die Dichterin darf sich als Lohn für ihre Arbeit ein Gemälde und eine Zeichnung des Malers aussuchen.

»So seltsam es sich anhört«, sagt sich Johanna, »aber wenn man eine Sache einmal nicht unter dem Gesichtspunkt betrachtet, wie viel Zeit einem für ihre Durchführung zur Verfügung steht, erledigt sie sich überraschend schnell.«

Das erste Tageslicht dringt ins Innere der Villa Helma, und diese mittlerweile dreißigjährige Frau, die den langen Todeskampf ihres Gatten begleitet hat und die seitdem allein mit der Erziehung ihres Sohnes zurechtkommen muss, hat auf einmal das Gefühl, tatsächlich eine Art Vermächtnis zu erfüllen.

»Genau wie van Gogh arbeite ich für die Ewigkeit«, schmeichelt sie sich im Überschwang der Begeisterung und reiht im Empfangsraum ihrer Pension Bild an Bild, um anschließend zwischen den ausgestellten Gemälden hin und her zu wandeln.

Die Aufgabe erweist sich als schwieriger denn je. Die Auswahl der fünfzehn Zeichnungen für die erste Ausstellung vor einem Jahr war für Johanna im Vergleich ein Kinderspiel. Jetzt muss sie sich das gesamte Werk ihres Schwagers vornehmen und daraus fünfundsiebzig

Gemälde, fünfundzwanzig Zeichnungen und fünfzehn Briefe zusammenstellen.

Theo litt schrecklich bei solchen Gelegenheiten, Johanna dagegen bewegt sich an diesem frühen Morgen entschlossen unter den Bildern umher.

Trotzdem fällt ihr die Auswahl nicht leicht. Manchmal schließt sie einfach die Augen und überlässt ihrer ausgestreckten Linken die Entscheidung.

Sollen sie mich ruhig die Witwe der Brüder van Gogh nennen. Meine Aufgabe ist es jedenfalls, endlich die entsprechenden Bilder auszuwählen. Clément hat seinen Teil bereits beigetragen, die Toorops ebenfalls.
Auch was Wil zu sagen hat, höre ich mir an, aber es ist höchste Zeit, alle Zweifel beiseitezuschieben.
Wenn ich den Schreiner jetzt nicht beliefere, bekommt er die Rahmen nicht mehr rechtzeitig fertig.

Wie bei einer Zeitung kurz vor Redaktionsschluss geht Johanna auch noch einmal alle Briefe durch, um unter den mehr als sechshundert die fünfzehn auszuwählen, die am besten erkennen lassen, um was für einen Menschen es sich bei ihrem Verfasser gehandelt hat.

Van Goghs Briefe, seinen Bildern gleichberechtigt zur Seite gestellt, um ihnen die nötige sprachliche Unterstützung zu gewähren, bis sie für sich allein bestehen können.

Johanna übermittelt Henriette Roland Holst einige Passagen aus ihrem Tagebuch, von dem, was ihr in diesen Tagen durch den Kopf gegangen ist, vielleicht hilft es der jungen Dichterin ja bei der Arbeit.

»Ich habe mich vor einem weißen Bild niedergelassen. Es steht vor der Landschaft, die mich so sehr beeindruckt ...«, *schreibt van Gogh.*
Das heißt, sein Ausgangspunkt beim Malen war ein »weißes Bild«.
Nur jemand, der ein wirklicher Künstler oder sehr verrückt ist – oder beides zugleich –, betrachtet ein weißes, unbemaltes Stück Leinwand als Bild.
Aber besteht darin nicht gerade der entscheidende Unterschied?
Findet van Gogh tatsächlich Zugang zu einem Bild über ein leeres Bild?

Auch wenn manche es für eine bloße Laune halten – für die verschworene Gruppe der Frauenrechtlerinnen stellt es eine versteckte Botschaft dar, dass das Streichquartett, das zur Eröffnung Musik von Haydn spielt, aus lauter Frauen besteht.

Johanna ist zufrieden. Für die Präsentation der Briefe an Theo hat sie selbst die Anordnung innerhalb der Vitrinen veranlasst: Neben jedem Originaldokument liegt eine Vergrößerung des Textes in Druckschrift.

Sie sieht, dass viele Besucher, unter ihnen auch Kritiker, sich dennoch neugierig vorbeugen, um mit leicht zusammengekniffenen Augen die handschriftliche Fassung van Goghs entziffern zu können. Warum schenken sie der Originalversion so große Aufmerksamkeit?

Immer mehr Leute erscheinen.

Jemand tritt zu Johanna und flüstert ihr ins Ohr, es seien mehrere Händler da, bereit, die Brieftaschen zu zücken.

Der kleine Vincent läuft unterdessen munter inmitten all der Bilder umher. Johanna lässt ihn gewähren.

Bei der Erwähnung des Namens van Gogh wird man künftig nicht mehr nur an eine verrückte und exzentrische Künstlergestalt denken, an einen dekadenten Maler, der dem Alkohol und der Religion gleichermaßen ergeben war und mit Prostituierten schlief. Im Gegenteil, die Leute, die jetzt an seinen Bildern und Briefen vorbeigehen, merken, dass dieser van Gogh vom Feuer der eigenen Schöpferkraft verzehrt wurde.

Vielleicht hat Johanna, ohne sich wirklich Rechenschaft darüber abzulegen, all die Anstrengungen der letzten Monate auch ihrem Sohn zuliebe unternommen, getrieben von dem unbewussten Drang, alles Unheilvolle, das sich mit dessen Namen verbindet, ein für alle Mal zu verscheuchen.

Johanna bittet Wil, sich eine Weile um ihren Sohn zu kümmern. Sie hat das Bedürfnis, sich für einen Augenblick ins gegenüberliegende Café Monarch zu setzen. Dort öffnet sie ihr Tagebuch. Zwei Seiten sind noch frei in dem Heft mit dem Umschlag aus Vachetteleder, das sie vor fast drei Jahren in Paris gekauft hat.

An dem Abend, nachdem Theo, am Boden zerstört durch den Selbstmord seines Bruders, in die Wohnung in der Rue Pigalle zurückgekehrt war, hat sie es begonnen, und jetzt, wo die erste große Ausstellung von van Goghs Bildern in Holland eröffnet ist, wird sie es beenden.

Ich bin zwischen den Bildern umhergewandert. Stehen blieb ich bloß vor den blühenden Mandelzweigen, die er für meinen Sohn gemalt hat.

Und es hat mir größtes Vergnügen bereitet, mich wie ein Eindringling oder vielmehr wie eine ganz gewöhnliche Besucherin unter all den Leuten zu bewegen, die ergriffen die ausgestellten Bilder betrachteten.
Manche sprachen im Präsens über van Gogh, als wäre er noch am Leben.
Das ist es: Von nun an wird Vincent van Gogh der Name eines Künstlers sein.

Johanna kehrt in die Ausstellung zurück. Während sie die Mienen und Gesten der Kritiker zu entschlüsseln versucht, verspürt sie wie so oft fast gleichzeitig zwei widersprüchliche Empfindungen: Trotz aller Zufriedenheit stellt sie sich die Frage, ob es nicht an der Zeit ist, dem Ganzen Einhalt zu gebieten. Sieben Ausstellungen in nicht einmal einem Jahr, da wäre vielleicht doch eine Unterbrechung angebracht, sagt sie sich, als man ihr ein Glas Champagner reicht.

Bedauerlicherweise ist der Champagner zu warm – das soll beim nächsten Mal nicht passieren, klagt sie innerlich und ist damit in Gedanken eben doch schon wieder bei einer neuen Ausstellung.

Da erblickt sie Jan Toorop, der quer durch den Ausstellungssaal auf sie zukommt. Er nickt ihr breit lächelnd zu. Begleitet wird er von einem ganz dicken Fisch, dem Londoner Sammler Bobby Stiles.

Toorop hat ihm, natürlich streng vertraulich, erzählt, dass die Amsterdamer Ausstellung nur ein geschickt inszenierter Vorwand ist – van Goghs beste Werke befänden sich in einer Ferienpension in einem nahe gelegenen kleinen Ort.

Wohlerzogen bittet Toorop Johanna um die Erlaubnis, dem Engländer die Adresse der Villa Helma zu geben. Der wolle gleich morgen, noch vor seiner Rückreise nach London, dort vorbeikommen.

Stiles scheint großen Appetit auf mehr zu verspüren, mehr von diesem van Gogh. Am 18. Dezember 1892 wandert er auf der Suche nach der Villa Helma bei eisigem Wind durch die Straßen von Bussum. Die Kälte nimmt ihm jede Lust zu sprechen.

Johanna bittet ihn herein. Auf den ersten Blick wirkt Stiles nicht wie ein Engländer. Was ihn jedoch verrät, ist die Art, wie er mit seinem Gehstock hantiert – ein Stock aus Nussholz mit einem Griff aus Alpaka-Silber –, und dass er sich durch nichts aus der Ruhe bringen lässt. Egal, was geschieht, sein Blick bleibt unverändert distanziert.

Johanna sagt sich: »Die Engländer werden immer die besten Schauspieler der Welt sein. Manche von ihnen bleiben allerdings ihr ganzes Leben lang bei ein und derselben Rolle.«

Sie serviert ihm einen Kamillentee mit Anis und beobachtet, wie er versucht, sich die Überraschung angesichts der Fülle der überall im Haus hängenden Werke nicht anmerken zu lassen. Stiles hat einen genauen Plan im Kopf, Johanna dagegen, die wegen der Ausstellung im Panorama zu Hause manches hat liegen lassen, hat sehr viel zu tun.

So gestaltet die Unterhaltung sich schon bald einigermaßen mühsam.

Irgendwann besteht der Besucher hartnäckig darauf, dass Johanna ihm den Preis für die beiden Sonnenblumenbilder im Schlafzimmer nennt.

»Die sind nicht zu verkaufen«, erwidert Johanna wiederholt und in verschiedenen Formulierungen.

Schließlich geht Bobby Stiles' Temperament mit ihm durch, und er verlangt eine Erklärung.

Johanna antwortet mit der Frage, ob er noch eine Tasse Tee möchte.

Dass sie bei alldem nichts weiter tut, als den genauen Anweisungen zu folgen, die Vincent van Gogh seinem Bruder in zahllosen Briefen gegeben hat, verrät sie nicht: So viel wie möglich zeigen und nur verkaufen, wenn nötig, um weitere Ausstellungen organisieren zu können, und davon abgesehen den größten Teil für die Museen übrig lassen. Nichts davon führt sie dem Engländer gegenüber als Begründung an.

»Diese Bilder betrachte ich, wenn ich mich von meinem Kummer erholen möchte«, sagt sie stattdessen, während sie die Tassen aus dem chinesischen Porzellan abträgt, die sie nur zu ganz besonderen Anlässen hervorholt.

Ich glaube, Bobby Stiles war wütend, als er von hier aufbrach. Als guter Engländer brachte er seinen Hass jedoch mit größter Liebenswürdigkeit zum Ausdruck.
Clément Roman, der am Abend zu Besuch kam, hatte von der Sache bereits gehört. Wie ein vertrauliches Gespräch so ohne Weiteres zu einer allseits bekannten Geschichte werden kann, ist mir nicht klar. Unter den Leuten, die Geschäfte mit der Kunst treiben, scheinen sich Neuigkeiten jedenfalls ganz besonders schnell zu verbreiten.
Angeblich hat Stiles mich beim Kaffee in der Kunsthandlung Buffa als »hinreißende Frau, die mich jedoch ein wenig irritiert« beschrieben.

Zum Glück kam Clément nicht nur, um mir das mitzuteilen. Ich stelle ihm kaum Fragen. Vielleicht bleibt er deshalb für gewöhnlich bis zum frühen Morgen.

12

Ein gerade geschnittener Rock aus dunklem Stoff, eine weite marineblaue Bluse über einem ärmellosen Rudererhemd und auf dem Kopf einen englischen Strohhut mit schlichter Gazeschleife – möglichst bequeme Kleidung, um den mühseligen Ausstellungsabbau durchzuführen.

Begleitet von Adrian, dem ältesten Sohn der Familie van der Horst, kehrt Johanna mit den Bildern und Briefen aus Amsterdam zurück.

Nach der Ausstellung im Kunstzaal Panorama gibt es auf jeden Fall weniger zu tragen: Drei Zeichnungen, eine Japonaiserie, das »Rathaus von Auvers« und ein Frauenbildnis wurden von einem belgischen Händler erworben. Ein Selbstporträt und vier Ansichten aus Paris sind nach Frankreich verkauft worden. Drei holländische Galeristen, mit scharfem Auge, aber knappem Geld, das für keines der größeren Werke reichte, mussten sich mit Zeichnungen aus der Anfangszeit begnügen.

Die Besprechungen sind allesamt lobend ausgefallen.

In kluger Voraussicht hat Johanna bereits ein paar Zimmer im Haus der ihr sehr gewogenen Familie van der Horst angemietet, schließlich braucht sie nun mehr Platz für die Aufbewahrung des Werks.

Dorthin bringt sie jetzt die Bilder und Briefe aus der Ausstellung und kehrt dann zur Villa Helma zurück.

Es ist schon seltsam, sagt sich Johanna: Gerade einmal vier aufeinanderfolgende Tage sowie einen einzelnen Sonntag hat sie in Gesellschaft des Bruders ihres Mannes zugebracht, und trotzdem war er, seit sie sich in Theo verliebte, bei Tag und bei Nacht auf die eine oder andere Weise in ihrem Leben anwesend.

Auf dem Weg nach Hause schützt sie sich mit den Bildern der blühenden Mandelzweige und der alten Schuhe – der traurigsten und armseligsten Schuhe der Welt – gegen den feuchten, kalten Wind. Beide Gemälde sollen wieder in der Villa Helma hängen. Zum ersten Mal seit Monaten steht keine weitere Ausstellung bevor.

Sie verspürt weder Begeisterung noch Enttäuschung, während sie, sich die beiden Bilder wie Schilde vor den Leib haltend, durch Bussum geht und die Nachbarn grüßt. Wenn sie in diesem Augenblick etwas empfindet, dann Ruhe – und Staunen.

Sie kann selbst nicht sagen, ob sie gerade den Höhepunkt eines Abenteuers hinter sich gebracht hat oder sich erst am Anfang eines langen Weges befindet.

Sie weiß selbst nicht, ob hinter ihr eine Tür ins Schloss fällt oder sich eine neue Tür vor ihr auftut.

Das Shelley-Gedicht auf Seite 19 zitiert nach: Percy Bysshe Shelley, *Ausgewählte Werke,* Leipzig 1985, Übersetzung: Karl Heinz Berger.

Die Briefe der Brüder van Gogh sind größtenteils zitiert nach: Vincent van Gogh, *Briefe an seinen Bruder,* Berlin 1928, Übersetzung: Leo Klein-Diepold und Carl Einstein.

Umschlagbild vorn: Isaac Israëls: *Vrouw en profil voor De Zonnebloemen van Van Gogh,* ca. 1917/18.
Isaac Israëls, 1865–1934, holländischer Impressionist, lebte in Amsterdam, Paris, London, Kopenhagen und Den Haag. Sein Vater Jozef Israëls, ebenfalls Maler, übte großen Einfluss auf den frühen Vincent van Gogh aus. Vermutlich hatte Johanna Bonger vor ihrer Ehe mit dem Maler Johan Cohen Gosschalk fünf Jahre eine Beziehung mit Isaac Israëls. Um 1917 borgte dieser von Johanna eine Version der »Sonnenblumen« aus und nutzte sie als Hintergrund zu einer Serie von Frauenporträts.

Johanna Bonger (Jahr und Fotograf unbekannt)

Johanna Bonger und ihr Sohn Vincent Willem, 1890

Johan Cohen Gosschalk: Johanna Bonger, 1905

Johanna Bonger (Jahr und Fotograf unbekannt)

Kunst und Künstler im Unionsverlag

Dmitri Mereschkowski *Leonardo da Vinci*
Maler, Ingenieur, Forscher, Philosoph – Leonardo da Vincis Werk und Wirken strahlt in seiner visionären Kraft und ästhetischen Vollendung bis in unsere Zeit hinein. Der berühmte russische Symbolist Dmitri Mereschkowski hat aus den Quellen der Epoche den bis heute nicht übertroffenen Lebensroman Leonardos geschrieben.

Leonardo Padura *Ketzer*
London, 2007: Sensation auf dem Kunstmarkt. Ein bislang unbekanntes Christusporträt von Rembrandt taucht bei einer Auktion auf. Wer ist der Eigentümer? Mario Conde macht sich auf die Suche nach den Geheimnissen des Christusbildes. Der Fall führt ihn durch die Jahrhunderte. Die Spur zieht sich um die halbe Welt.

Hannelore Cayre *Das Meisterstück*
Christophe Leibowitz ist frisch aus dem Gefängnis entlassen und versucht, als Advokat der kleinen Gangster und Ganoven wieder Fuß zu fassen. Doch dann findet er sich unversehens mitten in einer Raubkunst-Affäre, die bis in die besten Kreise und die dunkle Vergangenheit Frankreichs reicht.

Leonardo da Vinci *Der Esel auf dem Eis*
Die Fabeln des Leonardo da Vinci kommen einfach daher, sind aber kunstvoll und überraschend. Hier sprechen die Tiere, die Pflanzen zu uns. Die ganze Natur meldet sich zu Wort: Der Stein, der Nusskern, das Feuer, das Wasser. Sie erzählen vom Unscheinbaren, das durch Klugheit obsiegt. Leonardos Fabeln lassen uns lächeln und machen am Ende klüger.

Mehr über alle Bücher und Autoren auf *www.unionsverlag.com*

Menschen und Geschichte im Unionsverlag

Pirmin Meier *Paracelsus*
Theophrastus von Hohenheim, genannt Paracelsus (1493–1541), war zu allen Zeiten eine Herausforderung für das Geistesleben. Am faszinierendsten ist Paracelsus als Arzt. Pirmin Meiers fesselnde Biografie dieses großen Visionärs ist ein Panorama des Lebens und Sterbens, aber auch eines unerbittlichen Kampfes in einer Epoche des Übergangs.

Pirmin Meier *Ich Bruder Klaus von Flüe*
Niklaus von Flüe, bekannt geworden unter dem Namen Bruder Klaus (1417–1487), ist der meistgerühmte, meistverehrte, untergründig aber auch der umstrittenste Eremit im Alpenraum. Pirmin Meier vermittelt dem Leser ein Lebens- und Zeitbild aus dem Alpenraum und die Geschichte eines Menschen, dessen große Visionen europaweit ausstrahlten.

Halide Edip Adivar *Mein Weg durchs Feuer*
Halide Edip Adivars Lebensgeschichte spiegelt den stürmischen Umbruch ihres Landes. Mit wachem Blick verfolgt sie den Untergang des Osmanischen Reichs und das Erstarken der Nationalen Bewegung. Die emanzipierte und eigensinnige Schriftstellerin stellt sich in den Dienst der neuen Türkei, bewahrt jedoch ihren kritischen Blick.

Inge Sargent *Dämmerung über Birma*
Die junge Österreicherin Inge Sargent wird durch die Heirat mit Sao Kya Seng, Prinz eines birmesischen Bergstaates, unversehens zur »Himmelsprinzessin«. 1962 findet das Märchen ein grausames Ende: Sao Kya Seng wird nach dem Militärputsch verschleppt, Inge Sargent gelingt mit ihren beiden Töchtern die Flucht. In diesem Buch erzählt sie ihre Geschichte.

Mehr über alle Bücher und Autoren auf *www.unionsverlag.com*

Frauen im Unionsverlag

TAMTA MELASCHWILI *Abzählen*
Mittwoch, Donnerstag, Freitag – drei aufregende Tage für Ninzo und Zknapi. Drei Tage, an denen die 13-jährigen Freundinnen nicht nur die üblichen Freuden und Leiden des Mädchenseins erleben, sondern auch erfahren, was es heißt, in einer gottverlassenen Konfliktzone zu leben, in der sonst bloß noch Kinder, Alte und Krüppel verblieben sind.

CLAIRE KEEGAN *Das dritte Licht*
Ein kleines Mädchen wird zu entfernten Verwandten auf einer Farm im tiefsten Wexford gebracht, wo es den Sommer verbringen wird. Es ist ein ungewohnt schöner und behaglicher Ort. Aber es gibt auch ein trauriges Geheimnis, das einen Schatten auf die leuchtend leichten Tage wirft, in denen das Mädchen lernt, was Familie bedeuten kann.

AYŞE KULIN *Der schmale Pfad*
Die Journalistin Nevra Tuna steckt in einer privaten und beruflichen Krise. Ihre ganze Hoffnung setzt sie auf ein Interview mit der inhaftierten kurdischen Politikerin Zelha Bora, das ihre Karriere retten soll. Doch zwischen den beiden Frauen stehen nur Vorurteile und Vorwürfe. Dann entdecken sie: In ihrer Kindheit waren die beiden engste Freundinnen.

CLAUDIA PIÑEIRO *Ein wenig Glück*
Mary Lohan kehrt zurück in die Vergangenheit, aus der sie geflohen ist. Zwischen herbeigesehnten Begegnungen und erschütternden Enthüllungen versteht sie, dass das Leben weder reines Schicksal noch purer Zufall ist und dass ihre Rückkehr vielleicht so etwas wie ein wenig Glück bedeutet.

Mehr über alle Bücher und Autoren auf *www.unionsverlag.com*

Unionsverlag Taschenbuch

BÜCHER FÜRS HANDGEPÄCK
Ägypten · Argentinien · Australien · Bali · Bayern · Belgien · Brasilien · China · Dänemark · Emirate · Finnland · Himalaya · Hongkong · Indien · Indonesien · Innerschweiz · Island · Japan · Kalifornien · Kambodscha · Kanada · Kapverden · Kolumbien · Korea · Kreta · Kuba · London · Malaysia · Malediven · Marokko · Mexiko · Myanmar · Namibia · Neuseeland · New York · Norwegen · Patagonien und Feuerland · Peru · Provence · Sahara · Schottland · Schweden · Schweiz · Sizilien · Sri Lanka · Südafrika · Tessin · Thailand · Toskana · Vietnam

PETRA IVANOV Alte Feinde (UT 883)
CLAUDIA PIÑEIRO Der Privatsekretär (UT 882)
GARRY DISHER Leiser Tod (UT 881)
FRIEDRICH GLAUSER Kriminalgeschichten (UT 880)
GISBERT HAEFS Die Geliebte des Pilatus (UT 879)
ANDRÉ ACIMAN Damals in Alexandria (UT 878)
NGUYEN NGOC TU Endlose Felder (UT 877)
ALI ZAMIR Die Schiffbrüchige (UT 876)
JOHN BURDETT Der Jadereiter (UT 875)
ROBERT COHEN Exil der frechen Frauen (UT 874)
NAGIB MACHFUS Die himmlische Begegnung (UT 873)
FREDERICK MARRYAT Das Geisterschiff oder Der fliegende Holländer (UT 871)
SALIM ALAFENISCH Der Weihrauchhändler (UT 870)
SALIM ALAFENISCH Die acht Frauen des Großvaters (UT 869)
YAŞAR KEMAL Das Reich der Vierzig Augen (UT 866)
EPELI HAU'OFA Rückkehr durch die Hintertür (UT 865)
SALLY MORGAN Wanamurraganya (UT 864)
FEDERICO JEANMAIRE Richtig hohe Absätze (UT 863)
SARAH MOSS Wo Licht ist (UT 862)
RAJA ALEM Sarab (UT 861)
GISBERT HAEFS Die Rache des Kaisers (UT 860)
ÁLVARO MUTIS Triptychon von Wasser und Land (UT 859)
ÁLVARO MUTIS Abdul Bashur und die Schiffe seiner Träume (UT 858)
ÁLVARO MUTIS Das Gold von Amirbar (UT 857)
ÁLVARO MUTIS Die letzte Fahrt des Tramp Steamer (UT 856)
ÁLVARO MUTIS Ein schönes Sterben (UT 855)
ÁLVARO MUTIS Ilona kommt mit dem Regen (UT 854)
ÁLVARO MUTIS Der Schnee des Admirals (UT 853)

Mehr über alle Bücher und Autoren auf *www.unionsverlag.com*

Unionsverlag Taschenbuch

Julia Blackburn
Goyas Geister (UT 852)
José Eduardo Agualusa
Die Frauen meines Vaters (UT 850)
Galsan Tschinag
Mein Altai (UT 849)
Sylvain Prudhomme
Ein Lied für Dulce (UT 848)
Patrick Deville Viva (UT 847)
Nagib Machfus Zwischen den Palästen (UT 846)
Colin Dexter Gott sei ihrer Seele gnädig (UT 839)
Colin Dexter Das Geheimnis von Zimmer 3 (UT 838)
Dmitri Mereschkowski
Leonardo da Vinci (UT 835)
Julia Blackburn
Des Kaisers letzte Insel (UT 834)
Kathy Zarnegin
Chaya (UT 833)
Petra Ivanov
Täuschung (UT 832)
Mia Couto Imani (UT 831)
Jörg Juretzka
TauchStation (UT 830)
Helon Habila
Öl auf Wasser (UT 829)
Eka Kurniawan Schönheit ist eine Wunde (UT 828)
Christoph Simon
Spaziergänger Zbinden (UT 827)
Bachtyar Ali Die Stadt der weißen Musiker (UT 826)
Anuk Arudpragasam
Die Geschichte einer kurzen Ehe (UT 825)
Colin Dexter
Die schweigende Welt des Nicholas Quinn (UT 822)
Colin Dexter Der letzte Bus nach Woodstock (UT 821)
Francisco Coloane
Feuerland (UT 820)
Aslı Erdoğan Die Stadt mit der roten Pelerine (UT 819)
Jørn Riel
Sorés Heimkehr (UT 816)
Dagmar Bhend (Hg.)
Weihnachten in der Schweiz (UT 815)
Johannes Merkel (Hg.)
Das Mädchen als König (UT 814)
Maurice Maeterlinck
Das Leben der Bienen (UT 813)
Sally Morgan Ich hörte den Vogel rufen (UT 812)
Yaşar Kemal
Memed mein Falke (UT 811)
Nagib Machfus Die Kinder unseres Viertels (UT 810)
Kobo Abe Die Frau in den Dünen (UT 809)
Avtar Singh
Nekropolis (UT 808)
Colin Dexter Eine Messe für all die Toten (UT 807)
Colin Dexter Zuletzt gesehen in Kidlington (UT 806)
José Eduardo Agualusa
Das Lachen des Geckos (UT 805)
Patrick Deville
Äquatoria (UT 804)
Fiston Mwanza Mujila
Tram 83 (UT 803)

Mehr über alle Bücher und Autoren auf *www.unionsverlag.com*

Unionsverlag Taschenbuch

A. DJAFARI / J. BOOS (HG.)
Vollmond hinter fahlgelben Wolken (UT 800)

JURI RYTCHËU Die Suche nach der letzten Zahl (UT 799)

JOHANNES MERKEL (HG.) Löwengleich und Mondenschön (UT 798)

CHRISTINE BRAND Mond (UT 797)

BJÖRN LARSSON Träume am Ufer des Meeres (UT 796)

LEONARDO PADURA Neun Nächte mit Violeta (UT 795)

XAVIER-MARIE BONNOT Im Sumpf der Camargue (UT 794)

JAMES MCCLURE Artful Egg (UT 793)

JAMES MCCLURE Blood of an Englishman (UT 792)

KEN BUGUL Riwan oder der Sandweg (UT 791)

PATRICK DEVILLE Kampuchea (UT 790)

CHRISTOPH SIMON Franz oder Warum Antilopen nebeneinander laufen (UT 789)

CLAUDIA PIÑEIRO Ein wenig Glück (UT 788)

YAŞAR KEMAL Die Disteln brennen (UT 785)

MAHMUD DOULATABADI Kelidar (UT 784)

JÖRG JURETZKA TrailerPark (UT 783)

JAMES MCCLURE Sunday Hangman (UT 782)

JAMES MCCLURE Snake (UT 781)

MEHMED UZUN Im Schatten der verlorenen Liebe (UT 780)

MICHAEL DIBDIN Sterben auf Italienisch (UT 779)

MICHAEL DIBDIN Tod auf der Piazza (UT 778)

GARRY DISHER Bitter Wash Road (UT 777)

CELIL OKER Lass mich leben, Istanbul (UT 776)

PATRICK DEVILLE Pest & Cholera (UT 775)

WENDY GUERRA Alle gehen fort (UT 774)

PETRA IVANOV Heiße Eisen (UT 773)

BACHTYAR ALI Der letzte Granatapfel (UT 769)

ATEF ABU SAIF Frühstück mit der Drohne (UT 768)

NAGIB MACHFUS Spiegelbilder (UT 767)

JAMES MCCLURE Gooseberry Fool (UT 766)

JAMES MCCLURE Caterpillar Cop (UT 765)

TEVFIK TURAN (HG.) Von Istanbul nach Hakkâri (UT 764)

AHMET HAMDI TANPINAR Seelenfrieden (UT 763)

AYŞE KULIN Der schmale Pfad (UT 762)

GIUSEPPE FAVA Bevor sie Euch töten (UT 761)

MICHAEL DIBDIN Im Zeichen der Medusa (UT 760)

MICHAEL DIBDIN Roter Marmor (UT 759)

BJÖRN LARSSON Long John Silver (UT 758)

Mehr über alle Bücher und Autoren auf *www.unionsverlag.com*